Wilhelm Heyd

**Kaiser Maximilian I.**

Wilhelm Heyd

**Kaiser Maximilian I.**

ISBN/EAN: 9783743386099

Hergestellt in Europa, USA, Kanada, Australien, Japan

Cover: Foto ©ninafisch / pixelio.de

Manufactured and distributed by brebook publishing software (www.brebook.com)

Wilhelm Heyd

**Kaiser Maximilian I.**

# Kaiser Maximilian I

Von

Ed. Heyck

Mit 4 Kunstbeilagen und 142 authentischen Abbildungen

Bielefeld und Leipzig
Verlag von Velhagen & Klasing
1898

Von diesem Werke ist für Liebhaber und Freunde besonders luxuriös ausgestatteter Bücher außer der vorliegenden Ausgabe

## eine numerierte Ausgabe

veranstaltet, von der nur 100 Exemplare auf Extra-Kunstdruckpapier hergestellt sind. Jedes Exemplar ist in der Presse sorgfältig numeriert (von 1—100) und in einen reichen Ganzlederband gebunden. Der Preis eines solchen Exemplars beträgt 20 M. Ein Nachdruck dieser Ausgabe, auf welche jede Buchhandlung Bestellungen annimmt, wird nicht veranstaltet.

### Die Verlagshandlung.

Druck von Fischer & Wittig in Leipzig.

Entwurf Albrecht Dürers zum Kaiserwagen im „Triumphzug Maximilians".
Federzeichnung in der Albertina zu Wien.
(Nach einer Originalphotographie von Braun, Clément & Cie. in Dornach i. E. und Paris.)

Zu Innsbruck in der Hofkirche befindet sich ein merkwürdiges Grabdenkmal. Es füllt anspruchsvoll das Hauptschiff aus und läßt der Kirche als Raum eine eigene Selbständigkeit nicht mehr übrig. So wie es dasteht, hat es derjenige ausgedacht, der darin zu ruhen beabsichtigte, der Kaiser Maximilian I. Freilich, als er im Jahre 1518 vor die Thore von Innsbruck kam, um dort zu sterben, ließen sie ihn nicht ein und sagten: er habe längst allzu viel Schulden bei ihnen gemacht, sie könnten's nimmer aufbringen. So zog der Todkranke weiter, und das großartigste und kostbarste Grabdenkmal, das je für einen Kaiser des heiligen römischen Reiches begonnen worden, blieb leer. Doch, ob auch der Kaiser an anderer Stätte begraben ward und blieb, ist es weitergebaut und im Laufe des XVI. Jahrhunderts langsam vollendet worden.

Der Besucher der lieben und schönen Hauptstadt Tirols entbehrt somit, wenn er vor dem Kenotaph verweilt, allerdings die für die anteilvolle Betrachtung eines Grabmals eigentlich notwendige Vorstellung, sich gewissermaßen in der Gegenwart des Toten zu befinden. Trotzdem übt das Denkmal eine bedeutende Wirkung, es geht von ihm ein Zwang zur Bewunderung des Helden aus, eine zugleich ästhetisch gehobene und halbphantastische Stimmung nimmt den Beschauer gefangen und entrückt ihn in die Nähe und in das unmittelbare Verständnis des seltsamen, hier verherrlichten Mannes.

Droben auf dem hohen Sarkophag aus Erz und rötlichem Tiroler Marmor kniet der Kaiser im schweren Krönungsornat, in vornehm gedachter Teilnahmlosigkeit gegen das Umher, mit seinem Gott im Gebet allein. Die vier Kardinaltugenden umgeben ihn (Abb. 1). Die Seitenwände des Monuments geben Raum für 24 Relieftafeln aus elfenbeinzartem carrarischem Marmor, auf denen des Kaisers rühmlichste Thaten und wichtigste Lebenstage in figurenreicher Feinarbeit wirkungsvoll erzählt sind. Sie sind bis auf drei das Werk des Alexander Colins (1536—1612) aus Mecheln, der just die Bildhauerarbeit am Heidelberger Ottheinrichsbau vollendet hatte, als man ihn nach Innsbruck berief. Jene drei rühren von den Kölner Meistern Bernhard und Albert Abel her, deren Bruder Florian für das Ganze die Vorlagen entworfen hat und der also der Schöpfer des inhaltlichen Teiles ist. Sowohl die Leistung der Abel wie des Alexander Colins hat zu allen Zeiten in wohlverdienter Achtung gestanden, genauere aufklärende Forschungen darüber verdanken wir erst neuerdings D. v. Schönherr in Innsbruck.

Das Sonderbare aber bei diesem Denkmal, das, was so phantastisch wirkt, ist das Weitere. An den beiden Seiten des gitterumschlossenen Denkmals entlang und vorbei, frei und groß wie lebendige Menschen, stehen im ganzen Längsschiff der Kirche eherne Personen (Abb. 2—8). Maximilian hat sie ausgewählt als die, die ihm von Zeitgenossen und historischen Namen die liebsten und verehrtesten waren. Freilich so hoch standen auch sie diesem vom Traume der eigenen Unerreichbarkeit emporgetragenen Kaiser nicht, daß er sie nicht alle zu einer Art Hofdienst um sich versammelt hätte. Sie bilden eine ceremoniöse Leichenwache am Grabmal, und ihre metallenen Hände sind bereit, bei den Seelenämtern des Kaisers die Fackeln zu halten. Vertreten sind in diesem historischen Figurenkabinett, wie man es nennen könnte, Maximilians männliche und weibliche Ahnen und nächste Verwandte, 23 an der Zahl, und dann diejenigen Helden der Geschichte, die auf ihn den größten Eindruck gemacht hatten. Da sehen wir auch Chlodwig, den rücksichtslosen, aber gewaltigen und schöpferischen Gründer und Ahn des fränkischen Reiches und deutschen Königtums, erblicken Gottfried von Bouillon, die Blume der Ritterschaft, den Kreuzfahrer und Beschützer des heiligen Grabes. Alle diese großen Herren und Damen aus ferner und naher Zeit sind von ihren uns nur teilweise bekannten Meistern zwar geschickt und ordentlich, aber doch mehr nüchtern und steif gebildet worden, sie stehen etwa da, als hätte man schöne Rüstungen und Brokatgewänder mit Metall ausgegossen. Aber zwei noch nicht genannte unter diesen Figuren am Grabe zu Innsbruck heben sich künstlerisch bedeutend von allen anderen ab, sie prägen sich dem Gedächtnis sofort auf immer ein, und man denkt an sie zurück wie an poetische Menschen, die man in einer Gesellschaft von ängstlich korrekten Normaltypen getroffen hat. Es ist so gut wie gewiß, daß sie i. J. 1513 von dem auch sonst am Denkmal thätig gewesenen Peter Vischer, dem berühmten Nürnberger Meister, modelliert worden sind. Diese beiden sind König Theodorich oder Dietrich von Bern und König Artus, der Herr der Tafelrunde.

Artus und Maximilian! Der erste und der letzte Ritter! Beide die liebevoll aus-

Abb. 1. Grabdenkmal Maximilians in der Hofkirche zu Innsbruck.
Nach einer Photographie von Friz Gratl in Innsbruck.

Abb. 2. Inneres der Hofkirche zu Innsbruck.
(Nach einer Photographie von Fritz Gratl zu Innsbruck.)

gestatteten Helden weltlicher Volkslegenden, aber sehr viel weniger auch die der Geschichte. Letztere ist ja nur selten in der Lage, die Lieblinge der Tradition auch zu ihren besten Namen zu rechnen. Der wälsche Artus verschwimmt in schattenhaften Nebel und nur der kahle Name ist übriggeblieben, nachdem das Präpariermesser der historischen Kritik Wahrheit von Wucherung befreit hat. Auch noch eines sonstigen Großen von diesem Denkmalsgeleite Ruhm ist zerpflückt worden und dahin, Gottfrieds von Bouillon; wir wissen seit nunmehr einem halben Jahrhundert (durch H. v. Sybel), wie weit er hinter den wirklichen Helden des ersten Kreuzzuges, den Boemund und Balduin, selbst Raimund, zurückstand, welch' ein Verlegenheitskandidat für die Regentschaft zu Jerusalem und welch' schwacher Beschützer des heiligen Grabes er war, und wie nur das Bedürfnis Nachlebender und der Kreuzfahrer selber, den ersten amtlichen Herrn im heiligen Lande zu rühmen und von ihm zu erzählen, ihn groß gemacht hat. Und so vermag die Ehrlichkeit der Wissenschaft auch

nicht zuzugeben, daß Maximilian als Staatsmann und Regent bedeutend oder von hervorragendem allgemeinen Verdienst, noch daß er als Mensch wahrhaft bewundernswert gewesen sei. Ach nein, er war durchaus kein Chlodwig oder auch nur Theoderich, und leider fühlt man viel eher die Verwandtschaft walten, wenn man wahrnimmt, daß unter den Gestalten an diesem Gedenkmal in ungewollter Ironie auch — Friedel mit der leeren Tasche steht, der preiswürdige Schöpfer des goldenen Dacherl und vielbenötete Herzog von Tirol und Vorderösterreich!

Eine andere Sache aber ist es, wenn die Wissenschaft willig und gern anerkennt, wie vieles in Maximilian liebenswürdig und tüchtig war, und wenn sie die ungemeine Popularität dieser in jeder Richtung interessanten Königsgestalt berücksichtigt, sie zu verstehen und zu erklären unternimmt. Man hört oft die legendenzerstörende Thätigkeit der historischen Kritik im gebildeten Publikum ästhetisch bedauern. Das ist nicht richtig und nicht recht. Wir wollen uns gar nicht

1*

darauf berufen, wie unvergleichlich viel mehr neues, zum nacherlebenden Genuß und zur Herzenserhebung mit Wahrheit geeignetes Material die Geschichte als Ersatz desjenigen schon wiedergegeben hat, was sie zu nehmen scheint. Sie nimmt eben nicht. Sie zieht nur um der Reinheit ihrer Aufgaben willen, die höher sind, die Scheidelinie zwischen objektiver Wahrheit und erklärender, ablenkender oder umgestaltender Überlieferung. Mehr beabsichtigt sie nicht: es wäre ein falscher und subalterner Eifer, wollte sie liebevoll gehegte Erinnerungen gänzlich austilgen, anstatt deren auf anderen sittlichen Gebieten liegenden Wert zu erkennen und zur richtigen Einschätzung zu bringen. Und überdies — man wird ja nicht falsch verstehen —: es gibt Wahrheiten, die es im einzelnen nicht, im ganzen doch wieder sind.

Ob letzterer Satz auch für das Angedenken, das Maximilian hinterlassen hat, völlig zutrifft, mag fraglich bleiben. Jedenfalls aber entspricht dieses hinterlassene Bild, wenn irgend eines, demjenigen, das er selber hervorzubringen wünschte und bemüht war. Seine Persönlichkeit und sein Regentenberuf identifizieren sich nicht ganz. Gar mancherlei trieb und arbeitete in diesem Kaiser, wovon kein Kurfürst oder Staatsmann, kein Chronist damaliger Zeit etwas zu bemerken veranlaßt war und was mit der Regierung seiner Länder nichts zu thun hatte, Dinge, die daher bei einer ausschließlich politisch-geschichtlichen Betrachtung gar leicht übersehen werden könnten. Aber zum wirklichen Volke heraus sind diese seine Neigungen und Liebhabereien, sind die ganz persönlichen Eigenschaften seines Wesens auf unsichtbaren Wegen gedrungen, dort hat man immer verstanden und verehrt, wie seine besten Gedanken unablässig auf das Heldenmütige und Ideenhafte gerichtet waren. Und so haben naive Anschauung und unmittelbar berührte Empfindung das liebevolle Bild von ihm gestaltet, das die Jahrhunderte überdauert hat und ganz folgerichtig viel mehr von dem sympathischen

Abb. 3. Habsburgergruppe vom Denkmal in der Hofkirche zu Innsbruck:
Kaiser Albrecht II. links, Kaiser Friedrich III., Herzog Leopold der Fromme, Graf Rudolf, Herzog Leopold III., Herzog Friedrich, König Albrecht I. dann Gottfried von Bouillon.
Nach einer Photographie von Fritz Grall in Innsbruck.

Abb. 4. Statuengruppe in der Hofkirche zu Innsbruck:
Chlodwig (rechts), Philipp der Schöne, Rudolf von Habsburg, Albrecht der Weise.
Nach einer Photographie von Fritz Gratl in Innsbruck.

Menschen und letzten Ritter, als von dem Regenten Maximilian erzählen will.

Seit 1440 trug die Krone des heiligen römischen Reiches deutscher Nation Friedrich von Steiermark und Österreich aus dem Hause Habsburg, den wir anderen Deutschen als Kaiser Friedrich III., die Österreicher (um Friedrichs des Schönen willen) als Friedrich IV. zählen (Abb. 9 u. 10). Ein Herr ohne durchschlagende Kraft und ohne frischen Mut, aber zäh und schlau, ein Kaiser, der in seiner Regierungspraxis davon ausging, daß gegen die Übmacht der Kurfürsten im Reiche ein gewähltes Oberhaupt doch nichts mehr zum gemeinsamen Besten der Nation ausrichten könne; womit nicht gesagt sein soll, daß Friedrich unter anderen Umständen eher an eine solche würdigere Auffassung seines Amtes gedacht haben würde. Seine Weisheit war, die oberste Stellung im Reiche, die er nach wochenlangem Besinnen endlich angenommen hatte, sei dafür immerhin gut, die eigene Hausmacht mehren zu helfen, was seit Rudolf von Habsburg seine Vorfahren und nicht weniger auch die Kaiser aus den anderen Häusern, die Luxemburger

Abb. 5. Statuengruppe in der Hofkirche zu Innsbruck:
Cunigunde von Baiern links, Margareth von Frankreich, Bianca Maria Sforza,
Sigmund von Tirol.
Nach einer Photographie von Fritz Gratl in Innsbruck.

und Wittelsbacher, je nach Talent und Möglichkeit verstanden oder versucht hatten. Für solche rein landesfürstliche Territorialpolitik, die seit dem Interregnum ohnedies die durch die Verhältnisse gegebene war, die gemeinsamen Machtmittel des Reiches, soweit es solche noch gab, leichter zugänglich und verfügbar zu machen, so viel Wert hatte der Kaisertitel natürlich auch jetzt und immer noch.

Hiervon ausgehend hat Kaiser Friedrich seine 53jährige Regierung geführt: nüchtern und ohne sich je von vornherein mit raschen Hoffnungen zu tragen, aber alles in seine Berechnung ziehend, alles geschickt verwendend und vor allem geduldig jeden überlebend, der ein Hindernis oder eine Verzögerung

für seine Pläne war. Auf diese Weise hat der wenig mächtige, um seiner anscheinenden Harmlosigkeit willen gewählte Herzog und zeitlebens wegen seiner Unthätigkeit und Ohnmacht verspottete Kaiser es geräuschlos fertig gebracht, seinen Hauslanden eine Zukunft zu eröffnen, die weit über die Verhältnisse des deutschen Reichsherzogtums hinausgriff: er hat Österreich zu einer nach Ost und West ausgreifenden europäischen Macht neben dem Reiche anstatt im Reiche erhoben. Was dann Maximilian vollendet gesehen hat: das unter einem Scepter stehende Großreich zweier Welten, worin die Sonne nicht unterging, das hatte schon Friedrichs beharrliche Kunst vorgezeichnet, hier ist der Sohn nur auf den Wegen des Vaters weitergeschritten. Schon letzterer ist dem Gedanken nach der Urheber dieser durch keine Grenze, keine Fremde gehemmten erfolgreichen Politik gewesen: schon sein Wahlspruch, womit er eine Art symbolischer Abgötterei trieb, an den er fatalistisch glaubte und den er in höchst ungewöhnlicher Weise sogar in sein Majestätssiegel aufnahm, war: A. E. I. O. U., Austriae Est Imperare Orbi Universo oder Alles Erdreich Ist Oesterreich Unterthan. An diesem seinem Ziel gemessen müßte der ebengenannte Träger der deutschen Krone rückhaltlose Anerkennung verdienen. Aber niemand, mag sich sein Vollbringen noch so sehr mit seinen Wünschen decken, erlangt den Anspruch, der Geschichte auszuweichen, was sie von ihm und von seiner Erfüllung oder Nichterfüllung übernommener Pflichten denkt und wie sie sein historisches

Verdienst zu würdigen hat. Sie wird darum nicht verkennen, wie große Schwierigkeiten in diesem Falle einem ehrlichen Pflichtbewußtsein entgegengestanden hätten.

Böse Gefahren umdrängten das Reich zu den Zeiten dieses Kaisers von allen Seiten; eine positive, Machtgewinn erstrebende Reichspolitik gab es, wie nach innen, auch nach außen längst nicht mehr, es galt im besten Fall nur noch, Schutz und Widerstand gegen die Abbröckelung an allen Grenzen und gegen allzu dreisten Raub zu bieten. Italien im Süden, die slavische Welt im Osten verlachten die Oberherrlichkeitsüberlieferungen und Lehnstheorien, welche das Reich in seiner staatsrechtlichen Antiquitätenkammer verwahrte; die hansisch-niederdeutschen Kreise führten ihre nordische Politik ganz für sich und auf eigene Faust; bei den Eidgenossen der Schweiz, deren ältere Geschichte ja mit dem Widerstand gegen Habsburg identisch ist, war die Reichsgewalt so gut wie erloschen, um so mehr, als sie bei Friedrich in der Hand eines Schutzherrn lag, der ihnen im Jahre 1444 die schlimmen Armagnaken über den Hals gejagt hatte; im Westen fuhr die verwegene Politik Karls des Kühnen fort, das Reich zu mindern, nachdem schon eine ganze Reihe ansehnlicher und schöner Gebiete in das burgundische Staatswesen übergegangen waren, und vom Balkan her schob sich immer bedrohlicher und näher, unheimlich wie Gewitter des jüngsten Tages, die Türkennot aller Christenheit heran. Von all diesem Reichsungemach hat sich der Kaiser Friedrich eigentlich nur über den osmanischen Feind und zwar nicht wenig beunruhigt, weil der vorgeschobenste Posten gegen diesen eben Österreich selber, die Ostmark war. Bei den übrigen gegnerischen Kräften betrachtete er es als wenig wichtig, was das Reich durch sie verlieren, als sehr wichtig dagegen, was möglicherweise das Haus Habsburg durch sie gewinnen könne. Dieselben Länder- und Völkernamen, die sonst nur Schmach und Verlust des Imperiums bedeuteten, Böhmen, Ungarn, Italien, Burgund, ihm klangen sie lieblich als lauter vorhandene Möglichkeiten für die Machtvermehrung seiner Familie. Die welthistorische Arbeit an Hauspolitik und Landgewinn, welche andere europäische Dynastien durch lange Generationen hindurch allmählich vor sich gebracht hatten, sollte sein Haus als reife Früchte einernten. Und das gelang diesem zum guten Teil. Daß es damit nach Osten und Westen über die Grenzen der deutschen Sprache und Nationalität hinausstrebte, konnte für eine solche rein mechanische Additionspolitik natürlich keine Abmahnung und kein Hindernis sein, erweckte aber leider auch nicht den Gedanken, nach dem Gelingen

Abb. 6. Statuengruppe in der Hofkirche zu Innsbruck: Herzogin Kunigunde von Österreich (rechts), Eleonore von Portugal, Maria von Burgund, Elisabeth von Ungarn.
Nach einer Photographie von Fritz Gratl in Innsbruck.

Bedeutung Burgunds für die habsburgische Gesamtgeschichte.

Abb. 7. Statuengruppe in der Hofkirche zu Innsbruck:
Artus von England links, Theudebert von Burgund, Ernst der Eiserne von Steiermark, Theoderich der Große.
Nach einer Photographie von Fritz Gratl in Innsbruck.

durch eine nationale Bethätigung in den erworbenen Grenzländern wieder gut zu machen, was dieses Kaisertum im unmittelbaren Amte versäumte.

Von allen Häusern der Geschichte, die zu großer Macht gelangt sind, hat das habsburgische die buntesten Sprünge auf der Landkarte des Kontinents gemacht. Aus dem südwestlichen elsässischen Winkel des Reiches, der ältesten Heimat der Habsburger, und aus der heutigen Schweiz, wo diese Grafen im XIII. Jahrhundert die große zähringisch-kyburgische Erbschaft erheiratet hatten, erspähte der Graf Rudolf, den man 1273 zum König wählte, die Möglichkeit, in der deutschen Ostmark die erste Erwerbung eines Reichsherzogtums zu machen. Von dieser sich rasch erweiternden österreichischen Position aus gelang es, in der entgegengesetzten nordwestlichen Flanke des Reiches, in den burgundischen Niederlanden die wichtige Stellung zu gewinnen, von der aus dann die Bretagne gewonnen werden sollte, Spanien gewonnen ward. Auf dem Wege über Spanien ist Habsburg zu Neapel-Sicilien und anderen zum Teil bis an die

Schwelle unserer Zeit bewahrten italienischen Herrschaften gekommen. Der bedeutsamste Schritt oder Sprung bleibt aber immer die Erwerbung von Burgund. Sie ist der Dreh- und Angelpunkt der ganzen neueren Großmachtsgeschichte des Hauses. Zwei volle Jahrhunderte habsburgischer und französischer, d. h. gesamteuropäischer Politik erhalten ihren Hauptinhalt durch die niederländisch-burgundischen Fragen. Burgund ist auch derjenige Name, der im persönlichen Leben Maximilians die tiefste Bedeutung hat.

Im Laufe des Mittelalters sind sehr verschiedene Reiche Burgund genannt worden. Zuerst dasjenige, welches entstand, als im Beginn des V. Jahrhunderts das germanische Burgundervolk König Gundikars über den Rhein ging, also auf römischen Provinzboden vordrang und sich um Worms herum niederließ. Freilich dieses erste burgundische Reich bestand nur kurze Zeit, Aëtius, der Regent Westroms, warb Hunnen, und durch sie ward es im Jahre 436 vernichtet. Daß das gealterte Rom in der Hand des kraftvollen Barbaren noch einmal solche Schreckensthat vollbracht hatte, das ward vergessen, dem Wesen der Tradition entsprechend, die alle Hauptfakta stets verwirrt, aber einzelne Nebensachen mit erstaunlicher Treue konserviert: die Erscheinung der seltsamen hunnischen Reiter, die man damals zuerst im westlicheren Europa gesehen, verblieb den Völkern in den rheinischen Gegenden als Haupterinnerung. Dann tönte nach wenig Jahren König Attilas Name drohend und mächtig auf, bis Châlons brauste sein wilder Schwarm über den Westen einher, nun erst sah man die ganze Wirklichkeit dieser Hunnengewalt. Einzelne Abendländer waren als Gesandte und Träger von Geschenken in seine Hofburg und Lagerstatt inmitten der rinder- und pferdeweidenden Flächen Pannoniens gelangt, und alles erzählte sich die von ihnen geschauten fremdartigen Wunderdinge dort drunten im unbekannten Donaulande nach. Da hat denn die volkstümliche Überlieferung, nach ihrer leichtherzigen Weise mit Namen, Ort und Daten umzuspringen, die Dinge immer mehr verschoben, und indem sie von dem Volke der Hunnen erzählte, wie diese den König Gunter und die Seinen erschlagen, der Nibelungen Not und bittern Untergang an Etzels sagenberühmte pannonische Hofburg verlegt. Andererseits verblaßte ob solchem Ende des Liedes, wie es zuletzt der an der österreichischen Donau vertraute Dichter des Epos ausgestaltete, doch wiederum die lokale Erinnerung von Worms weder im Hauptteil des großen nationalen Epos noch im volkstümlichen Gedenken, und wir werden zu erzählen haben, wie sie gerade in Maximilian als einem neuen burgundischen Herrn in eigener Weise zu Worms lebendig ward.

Reste des von den hunnischen Söldnern geschlagenen und königsberaubten Volkes trieben sich am Oberrhein umher und wurden

Abb. 8. Aus der Hofkirche zu Innsbruck:
Theoderich der Große, König der Oftgoten.
Nach einer Photographie von Fritz Gratl in Innsbruck.

440 durch Aufnahme in die römische Sabaudia (Savoyen) südlich vom Genfer See zur Ruhe gebracht. In diesen Sitzen erstarkten sie mit üblicher germanischer Volksüberkraft rasch von neuem und dehnten sich bald auf alles Land von der Aar im Osten, der Loire und Seine im Nordwesten bis fast ans Tyrrhenische Meer im Süden aus oder vom Gotthard bis hinüber nach Nevers an der Loire, von Bar-le-Duc bis Avignon. So erblühte hier, während Westrom dahinsank, unter neuen Gundikaren und Godegiseln ein zweites, noch ansehnlicheres Königreich Burgund. Freilich wiederum nicht auf viel längere Dauer. Unter den Söhnen Chlodwigs erlag es den Franken und wurde ein Teil des merowingischen Reiches. Bei dessen vielfältigen Teilungen hat zeitweise ein abermaliges Burgund als selbständiges, aber nun merowingisches Königreich bestanden.

Die Zersplitterung von Karls des Großen Imperium durch den Vertrag von Verdun und die damit überhaupt siegreich gewordene partikulare Tendenz zu Teilungen begünstigte die fortschreitende Auflösung des einstigen Frankenreiches in Kleinkönigreiche, über welche teils Mitglieder des regierenden Hauses, teils landsässige Usurpatoren herrschten. Durch solche entstanden mit dem alten unvergessenen Volksnamen fast gleichzeitig zwei neue Königreiche Burgund, ein südliches Niederburgund (579) am Mittellauf der Rhône, und ein Hochburgund, welches vom Oberlauf der Rhône her Savoyen, die westliche heutige Schweiz und die spätere Freigrafschaft Burgund (Franche-Comté) umfaßte. Im Jahre 933 aus zweien zu einem Königreiche vereinigt, ging dieses Burgund im XI. Jahrhundert unter Kaiser Konrad II. als Kronland an die Herrschaft der deutschen Kaiser über. Zwei und ein halbes Jahrhundert später beim Hinsinken des Staufergeschlechtes löste es sich (nach jener Regel aller Germanengeschichte, die fortwährend die staatenbildende Kraft der Großen mit dem naiven Hange zu kleinen Bildungen ringen und abwechseln läßt) in lauter Einzelherrschaften auf, die sich größtenteils vom Reiche lossagten und von denen im weiteren Verlaufe eine Anzahl dem um sich greifenden Bündnisse der Eidgenossen beitrat, die meisten aber von Frankreich aufgezogen wurden.

Ein ganz anderes Land als dieses zuletzt besprochene unter den Saliern und Staufern an Deutschland angeschlossene, vorher ganz selbständige und freie, aus zwei solchen vereinigte burgundische Königreich ist das Herzogtum Burgund, das als drittes Gebiet dieses Namens gleichzeitig, nämlich ebenfalls in der zweiten Hälfte des IX. Jahrhunderts entstanden war, während des Ringens der letzten Karolinger und der Capetinger um die westfränkische, französische Krone. Dies Herzogtum, die „Bourgogne", umfaßte die Quellengebiete der Seine, Loire und Saône, mit anderen Worten die Gegend um Dijon und westlich davon. Diese Teile hatten somit wohl zu

Abb. 9. Kaiser Friedrich III.
Nach einer gleichzeitigen Denkmünze.

dem im V. und VI. Jahrhundert blühenden Burgund gehört, blieben jedoch seit dessen Unterwerfung unter die Merowinger ein beständig zum westfränkischen Reiche resp. zu Frankreich gehöriges Territorium, mochten sie immerhin zu weitgehender Sonderexistenz durch eine Auflehnung desjenigen gegen die französische Krone gelangen, der sich zuerst Herzog und sein Machtgebiet Burgund nannte. In den Jahrhunderten, da die Capetinger als befestigte Dynastie auf dem Throne von Frankreich saßen, war dies Herzogtum zeitweilig in der Hand des Königs selber, zu anderen Zeiten und schließlich in längerer Dauer unterstand es einer herzoglichen Nebenlinie des capetingischen Hauses. Als diese herzogliche Linie 1361 ausstarb, fiel das Herzogtum als erledigtes

Lehen an die Krone heim. Schon zwei Jahre später jedoch bekam es in Philipp dem Kühnen, einem Sohne König Johanns von Frankreich, wieder einen selbständigen Inhaber, der somit der Begründer einer neuen herzoglich burgundischen Dynastie wurde, und zwar derjenigen, die später mit Karl dem Kühnen und Maria erlosch. Unter diesem letzten Herzogshause wuchs das ursprüngliche französische Kronlehen in rapider Weise zu einer sehr ansehnlichen und verschiedenartigen Ländermasse an, die von den Abhängen des Jura bis an die Nordsee reichte und ihren Zuwachs hauptsächlich aus deutschen Reichsterritorien erhalten hatte, welche dadurch dem Reiche und seiner Lehenshoheit zwar theoretisch nicht entrissen, aber thatsächlich doch fast ganz entfremdet wurden. Um die Verhältnisse unter Maximilian zu verstehen, ist eine ganz kurze Übersicht hierüber notwendig. Philipp der Kühne selbst (1363—1404), der Gründer der Dynastie, erheiratete die Freigrafschaft Burgund (Franche-Comté), d. h. das dem Herzogtum östlich benachbarte Gebiet um Dôle und

Abb. 10. Kaiser Friedrich III.
Holzschnitt aus Hartmann Schedels Weltchronik.
(Nürnberg 1493.)

Besançon, welches einst ein Teil vom Königreich Burgund gewesen und daher immer noch deutsches Reichslehen war; ebenso erwarb er Artois, Flandern, Mecheln und Antwerpen. Sein Enkel Herzog Philipp der Gute (1419—1467; Abb. 11) erlangte, ebenfalls durch Heirat und außerdem durch Verträge, Brabant, Limburg, Namur, Hennegau, Holland, Seeland, Friesland, Amiens, Boulogne und Lützelburg (Luxemburg), und Philipps Sohn und Nachfolger Karl der Kühne (1467—1477) gewann alsbald in allerhand Gewaltsamkeiten Zütphen und Geldern. Von den wichtigeren dieser niederländischen Gebiete waren Lehen des Deutschen Reiches die Herzogtümer Brabant, Limburg, Lützelburg und Geldern, die Grafschaften Hennegau, Holland und Seeland nebst Friesland; alte französische Lehenshoheit erstreckte sich dagegen auf das Kernland von Flandern. Was dieser ganzen Summe von nun in einer Hand vereinigten Territorien fehlte, war der völlige geographische Zusammenhang. Das französische Lehensherzogtum Burgund und die Freigrafschaft lagen zusammen im Süden als ein Hauptteil für sich, und fast ebenso geschlossen, immerhin von reichsunmittelbaren geistlichen Territorien durchsetzt, im Norden die niederländischen Gebiete; zwischen beide Komplexe schoben sich das Herzogtum Lothringen und verschiedene sonstige weltliche und geistliche Fürstentümer des Reiches, z. B. die Bistümer Metz, Toul und Verdun. Indessen für einen Mann wie Karl den Kühnen war durch eine territoriale Lücke seiner Macht lediglich die Aufgabe gegeben, sie auszufüllen, und nur der geeignete Zeitpunkt noch als Frage übrig.

Herzog Karl von Burgund (Abb. 13 u. 14) war unbestritten einer der meistbedeutenden Herren in Europa und zwar noch weit mehr durch den blühenden Zustand seiner Lande, als schon durch ihre bloße Ausdehnung. Der Gebieter im Herzogshute erschien in gleichem Ansehen neben seinen gekrönten Nachbarn, deren nomineller Lehensmann er war, dem Deutschen Kaiser und dem Könige von Frank- stand, Blüte und schwellendes Leben. Hier saß nicht, wie in Deutschland, ein ganzer unzufriedener Stand, ein über die unaufhaltsame landesfürstliche Machtzunahme grollendes und an seinem obersten Herrn (dem Kaiser) verzagendes Rittertum abseits auf seinen Burgen und verbauerte in

Abb. 11. Herzog Philipp der Gute von Burgund.
(Gemälde von Roger van der Weyden im Museum zu Antwerpen.
Nach einer Originalphotographie von Braun, Clément & Cie. in Dornach i. E. und Paris.

reich, und wahrlich betrachtete er sich nicht geringer im Range der Person und regierte nicht minder königlich als sie.

Keine Verwaltung im damaligen Europa konnte eine so geordnete und tüchtige genannt werden, wie — hauptsächlich durch das Verdienst Philipps des Guten — die von Burgund. Überall erblickte man Wohl- Mißmut über die neuerungssüchtige und ungünstige Zeit. Die edelgeborenen landsässigen Familien in den jetzt burgundischen Ländern waren, soweit nicht durch gegenseitige Erbfehden überhaupt aufgerieben, schon durch die früheren Landesherren gedemütigt und bezwungen worden; selbst die Geschlechter des höheren Adels, welche einst

Blüte Burgunds. Der Adel.

Abb. 12. Französisch-burgundisches Zeit- und Kostümbild (um 1470).
(Aus einer Handschrift der Frhrl. v. Lipperheideschen Büchersammlung in Berlin.)

Abb. 12. Karl der Kühne, Herzog von Burgund.
Gemälde von Roger van der Weyden im kgl. Museum zu Berlin.
Nach einer Originalphotographie von Braun, Clément & Cie. in Dornach i. E. und Paris.

auf die reichsunmittelbare Eigenschaft ihrer Leben gepocht hatten, nahmen diese längst vom Herzog und waren ihm ausschließlich unterworfen. Und außer der Regierungsautorität hielt den decimierten und teilweise verjüngten Adel ein neu und klug erweckter Ehrgeiz in willigem Gehorsam. 1429 war mit scharfer Ahnenprobe und strengen Ritterregeln der Orden vom goldenen Vließ gegründet worden, eine schöne Spielerei, indessen doch noch eine Nachbildung der geistlichen Ritter- und Kreuzfahrerorden, die aus unbestimmten Plänen eines neuen Kreuz- und Argonautenzuges nach Vorderasien eingegeben war. Der Stolz dieser Mitgliedschaft des goldenen Vließes fesselte den Adel an den burgundischen Hof, der überhaupt der merkwürdigste, der prunkvollste und der am meisten von dem Gefühle spezifischer Vornehmheit getragene im damaligen Europa war; er machte den Mitgliedern, als Vorbild für alle in Nachahmung des goldenen Vließes geschaffenen höfischen „Orden", die bedingungslose Hingabe ihrer Person an den kühngenialen herzoglichen Herrn zur Ehrenpflicht.

Vor allem aber gediehen die Städte. Wohl hatten sie viel Streit gegeneinander und innerhalb ihrer Mauern, die Menschenleben galten herzlich wenig, und grauenhafte Einzelheiten kommen in diesen Bürgerkriegen vor. Aber man wolle nur nicht immer und immer wieder meinen, daß der geruhsame Friede allein belebe. Alles jenes hinderte die Vermehrung der städtischen Bevölkerungen, die Ausbreitung von Gewerbe und Handel, die Zunahme des Wohlstandes nicht. Auch italienische Städte, z. B. Florenz, ehe die Medici an die Spitze gelangten, weisen die gleiche Erscheinung des fortwährenden Aufschwungs bei unablässiger Parteiung und Unruhe auf, fast als ob die Hauptwirkung solcher unerbittlicher Kämpfe auf engem Raume vielmehr die Steigerung der Energie und aller Fähigkeiten sei. — Noch war die bedeutendste und berühmteste Stadt der burgundischen Niederlande das flandrische Brügge (Abb. 15—19), wenn es auch die längste Dauer seiner Größe schon hinter sich hatte. Denn bald sollte der Niedergang der Hanse auch auf seine Blüte zurückwirken und ferner mit der unaufhaltbaren Versandung des Zwyn ein nicht mehr zu überwindendes Hindernis die Stadt lähmend entmutigen, den Handel von auswärts veranlassen, ihr den Rücken zu kehren. Indes das waren Dinge, die damals zwar in naher Zukunft standen, jedoch jetzt noch keine unmittelbare Wirkung übten. Noch blieb Brügge der Hauptstapelplatz des ganzen nördlichen Handels, der Weltmarkt, wo Italiener, Oberdeutsche, Hansen, Engländer ihre Kontore hielten und sich einander und mit Skandinaviern und Russen in unmittelbarem Verkehr begegneten. Überdies hielt das burgundische Herzogshaus Hof zu Brügge. Wenn auch im Mittelalter, selbst im endenden, das Residieren der Fürsten noch nicht so ausgebildet und kein so ständiges war, wie nachher, vielmehr die Lebensführung des Hofes sich über das gesamte Territorium verteilte, die regierende Familie nebst ihrem obersten Verwaltungsapparat und all ihrem Zubehör viel unterwegs war und die Pfalzen und Burgen nacheinander besuchte, schon um die Naturalerträgnisse der Krongüter möglichst direkt an Ort und Stelle zu verwenden, so sind doch damals schon einzelne Orte der Hauptsitz gewesen: das war Brügge für die burgundischen Herzöge. So vereinigte sich denn gar vieles in dieser Stadt. Hier blühte auch das flandrische Kunstgewerbe, die weitberühmte Teppichwirkerei, hier schuf die Architektur ihre zum Teil noch in der heutigen Gegenwart herrlich prangenden Bauten, hier hatte die alte vlämische Malerei ihren natürlichen Mittelpunkt. Jan van Eyck hatte in

Abb. 14. Statue Karls des Kühnen in der Hofkirche zu Innsbruck.
(Nach einer Photographie von Fritz Gratl in Innsbruck.)

Abb. 15. Die Marktkirche zu Brügge.

Brügge als Hofmaler Herzog Philipps des Guten gelebt. Durch ihn und seinen Bruder Hubert ist von Flandern die tiefgreifende Erneuerung der Kunst und Verbesserung ihrer Malmittel ausgegangen, und die Brüder haben gerade auch bei der Künstlerwelt Italiens, wohin so viele Verkehrsbeziehungen gingen, nicht den geringsten Dank erworben. Zu Maximilians Zeiten war Jan van Eyck längst (1440) verstorben, aber seine Schule bestand fort, und ihr Haupt zu Brügge war Hans Memling ca. 1430—1495, welcher sie in der Vereinigung treuer Naturbeobachtung mit anmutiger Kunst der Gestaltung und Schilderung zu ihrer größten Vollkommenheit hob. — Neben Brügge blüht Gent, die Stadt der Weber, zugleich die unruhigste von allen. Vom XIII. bis zum Ende des XV. Jahrhunderts bildet die Geschichte von Gent, der Stadt des Jakob van Artevelde, eine fortlaufende Reihe stets wiederholter Aufstände gegen die Landesherrschaft. 1453 hatte die Stadt 16000 bewaffnete Bürger gegen Philipp den Guten zu führen vermocht. Zu Anfang des XVI. Jahrhunderts besaß Gent 35000 Häuser und 175000 Einwohner, Zahlen, welche für jene Zeit sehr respektabel sind und die der ansehnlichsten deutschen Städte übersteigen. Ob erfunden oder nicht, bezeichnet es doch zutreffend die Größe und Blüte dieser Stadt, wenn Karl V. den großsprecherischen Franz I. im Gespräch gereizt haben soll: M'en Gand (gant) Paris danserait dedans!

War Jan van Eyck Hofmaler zu Brügge, so war sein mindestens gleich bedeutender Bruder Hubert van Eyck hauptsächlich in Gent und für die dortigen städtischen Geschlechter thätig gewesen. Zu Maximilians Zeit lebte dort Hugo van der Goes (ca. 1420—1482), dessen Werke auch von den in den Niederlanden lebenden reichen und kunstverständigen italienischen Kaufleuten würdig erachtet wurden, den besten Schöpfungen ihrer Landsleute an die Seite gestellt zu werden; das schönste Gemälde Hugos, eine Anbetung Christi, gehört als Stiftung eines Portinari, welcher der Mediceischen Bankfiliale zu Brügge vorstand, dem Spital von Santa Maria Nuova in Florenz zu eigen.

Freilich war Yperns auf alter Wollmanufaktur beruhende Bedeutung schon dahingeschwunden und hauptsächlich durch die Eifersucht und Gewaltthätigkeit der Genter vernichtet worden; die Stadt, die im Jahre 1247 — doch wohl übertrieben — auf 200 000 Einwohner geschätzt wurde, ist allmählich immer mehr (heute auf 16 000) zurückgegangen. Dagegen blühte das an Brabant angegliederte Antwerpen im XV. Jahrhundert desto glücklicher empor. Wohl steht es noch hinter der flandrischen Herrscherin im nördlichen Welthandel zurück. Aber schon sind seine Pferdemärkte berühmt, von wo man die mächtigen Brabanter- und Ardennenrosse holt, starke Arbeiter und als die besten in aller Welt bekannt, um die schwer gepanzerten Ritter zu tragen. Überhaupt der Inlandhandel Antwerpens nimmt zu, und bald wird das Mißgeschick Brügges auch den großen Seehandel der jüngeren Nebenbuhlerin und ihrer breiten, selbst für den Tiefgang der großen Oceanfahrer völlig zureichenden Schelde zuführen, jene zum ersten niederländischen Hafenplatze machen und dadurch zugleich den Gewerbefleiß der Stadt und ihres Hinterlandes noch weiter mächtig anregen.

Freilich ein Karl der Kühne, ein Mann von solchem Machtbegehren und fürstlichem

Abb. 16. Inneres der Kathedrale zu Brügge.

Abb. 17. Das Rathaus in Brügge (erbaut ca. 1376—1387).

Herrscherstolz, konnte nicht anders, als der grimmige Widersacher — nicht der materiellen Blüte, aber des Selbstbewußtseins und Kraftgefühls dieser städtischen Bürgerschaften sein. Er hatte die Macht seiner adeligen Vasallen hinter sich, hatte sich außerdem aus Söldnern diejenige Truppe, welche man als das erste unter den modernen stehenden Heeren betrachten kann, geschaffen und sie allmählich bis auf 20 000 Mann gebracht. So hat er jene denn gezwungen, in knirschender Demut ihre städtischen Privilegien und ihre Banner, die so oft den Herzogsheeren trotzig entgegengeflattert waren, zu seinen Füßen niederzulegen. Er hielt die reichen Städte in mächtigerer Hand, aber der Regierung nach ihm ist es schlimm von ihnen wiedervergolten worden.

Herzog Karls Leben fällt schon in die

Zeit, da der „Humanismus" nächst Italien in den burgundischen Niederlanden seine Heimat und Stätte gefunden hatte und die wieder erweckten Stoffe und Schriften der antiken Welt den Gemütern reiche neue Nahrung gaben. Neben den hergebrachten Romandichtungen des späteren Mittelalters las man jetzt mit besonderer Begierde die Biographien der berühmten Männer des klassischen Altertums. Da konnte es dem stolzen und kühnen Karl wohl wie eine nicht zufällige Mahnung erscheinen, daß auch sein eigener Vater Philippus geheißen und ihm noch manches zu erobern übriggelassen habe. Er lebte in unaufhörlichen Träumen von einem neuen Imperium, ähnlich, wie es einst 843 durch den Vertrag von Verdun, wenn auch nur auf kurze Dauer, für den Kaiser Lothar I. geschaffen worden war: von einem den Kontinent scheidenden Reiche zwischen Deutschland und Frankreich, das an der Nordsee beginnend zur Rechten und Linken des Rheinstroms und der Rhône gelegen sein und womöglich erst wieder am Meere, an den Gestaden der Provence endigen und so die Nordsee und das Mittelmeer zugleich mit Handel und Einfluß beherrschen sollte. Auch davon sprach er: das römische Reich sei zu Ende, das burgundische werde beginnen. Aber er war in der Lage, ungestraft so dreist zu reden. Für alle Feldzüge, wohin er sie auch führte, hatte er die Dienstbereitschaft seiner Lehnsmannen und deren reisiger Hinterfassenschaft zur Verfügung, dazu seine Söldner; kam etwa ein Feind ins Land, so konnte er außerdem auch noch die „wohlgeborenen" Männer, die Freien außerhalb des Lehnsverbandes, aufbieten. Kein Staat, selbst wenn er die Mittel rasch aufbrachte, war damals so fertig zum Schlagen und nur entfernt so wohlversorgt für den Krieg. Darauf vertrauend bedrohte Karl alle seine fürstlichen Nachbarn und nicht minder die Eidgenossen, die Angrenzer seiner Freigrafschaft. Indessen nicht nur Länder wollte er zur Beute erjagen, sondern auch wirklich, wie er gesagt hatte, König werden und nach der Kaiserkrone greifen. In Deutschland versah man sich ungemeiner Dinge von ihm; es hieß im Volke, er werde kommen, die Mauern aller Städte brechen und den Reichtum aller Bürger nehmen; mit dem Bösen sei er im Bunde und höhne Gott und alle seine Heiligen. Er schien wie der Vorläufer des Antichrist.

Aber all dieser ungemessene Ehrgeiz mußte auf eines verzichten: auf die Nachfolge

Abb. 19. Ehemalige Stadtkanzlei in Brügge (erste Hälfte des XVI. Jahrh.).

eines Sohnes. Karl war der letzte Mann seines Stammes und besaß nur eine Tochter als Erbin seiner Macht, Maria. Es braucht nicht gesagt zu werden, daß bei den abwehrenden politischen Maßregeln und Erwägungen, zu denen Karls Unternehmungen herausforderten, auf der gegnerischen Seite bald hier bald da wiederum die ledige Hand der jungen Erbherzogin in die Berechnung eingestellt ward und dies nicht wenig zu unschlüssigem Verhalten gegen den Herzog, zur Nachgiebigkeit, ja Unterstützung mitgewirkt hat.

Die Art, wie Karl Geldern und Zütphen erworben hatte, war, wie gesagt, höchst gewaltthätig gewesen, aber er durfte für diese Reichsgebiete dem Kaiser Friedrich im Jahre 1473 huldigen und blieb in ihrem unangefochtenen Besitz. Ferner geschah es unter den Augen des diesmal persönlich und darum viel peinlicher betroffenen Kaisers, daß Herzog Siegmund von Tirol und Vorderösterreich, der ein habsburgischer Vetter Friedrichs, aber zu diesen Zeiten den Gesamtinteressen des Hauses etwas entfremdet war, Besitzungen im Elsaß, in der ältesten Heimat Habsburgs, an Karl verpfändete, als dessen Landvogt darauf der berühmte oder berüchtigte Peter Hagenbach sein dortiges Regiment begann. Somit war Herzog Karl schon in verschiedener Weise ermuntert worden, seine Absichten auf das Reichsgebiet noch weiter auszudehnen, als sich eine Gelegenheit bot, die ihm möglicherweise sogar die Oberherrschaft oder doch eine Art Protektorat über das große Kurfürstentum Köln versprach. Der Kurfürst, Erzbischof Ruprecht, ein Wittelsbacher, war von den kölnischen Bürgern vertrieben worden und wandte sich um Hilfe und Rache, als ob kein Kaiser und Reich mehr existierten, an den, der freilich nicht lange zaudern, bedenken und resolvieren würde, an Karl. Dieser brach los und lagerte mit Kriegsmacht um das feste kurkölnische N e u ß.

Schon zur gleichen Zeit bereitete er die Eroberung des Herzogtums Lothringen vor, um seinem Reiche nicht nur eine weitere höchst ansehnliche Vergrößerung, sondern auch die dringlich entbehrte territoriale Geschlossenheit zu geben.

All dieser und anderer Übermut riefen nun doch in den Jahren 1474 und 1475 gleichzeitig das Reich, den König von Frank-

Abb. 19. Renaissancekamin im Justizpalast zu Brügge.
In der Mitte Karl V., links Maximilian und Maria von Burgund; rechts Ferdinand von Aragonien und Isabella von Castilien.

Abb. 20. Abtei (Abdij) zu Middelburg in Seeland, erbaut 1492 unter Maximilian; 1505 Versammlungsstätte der Ritter vom Goldnen Vließ.

reich und die Eidgenossen wider ihn in Waffen. So mußte er von Renß abstehen, aber eroberte mit rascher Hand Lothringen und warf sich dann machtvoll auf die Eidgenossen. Diese im Stich zu lassen war Kaiser Friedrich III. ohne weiteres bereit, obwohl ihm ihr Bündnis eben erst zu gute gekommen war. Er hätte jetzt, wo es den Gegendienst galt, zugleich so vorteilhaft die Gelegenheit benutzen können, diese lauen Reichsglieder im südwestlichen alamannischen Winkel wieder an die Politik und Autorität der deutschen Krone zu knüpfen. Aber lieber verständigte er sich mit Karl und erreichte in der That nach langem Hin und Her den heiß ersehnten Preis, das endliche Zugeständnis des schon 1473 von ihm vorgebrachten Planes: der geheimen Verlobung Marias und Maximilians durch Verabredung der Väter.

Zu dieser schließlichen Willfährigkeit hatte den Herzog übrigens erst das Mißgeschick getrieben, das er inzwischen gegenüber den Schweizern erfahren hatte und das ihn weiter verfolgte. Sie schlugen seine Reisigen und Söldner am 2. März 1476

Abb. 21. Blatt aus einem burgundischen Gebetbuch des späteren XV. Jahrhunderts.

Der Tod historischer Persönlichkeiten, die so wie Karl ins Maßlose über ihre Verhältnisse hinausstreben und auch diese nur durch stete Spannung zusammenzuhalten vermögen, löst alsbald alle Gegenkräfte und unendliche Schwierigkeiten aus. Nun sollte Maria Herrin von Burgund sein, und gegen sie erhob sich jegliche Feindseligkeit und Gefahr. König Ludwig XI. von Frankreich zog, wozu er vollkommen berechtigt war, das Herzogtum Burgund (im engeren Sinne, die Bourgogne) als erledigtes französisches Mannlehen ein, beschloß aber auch, Maria mit seinem Dauphin Karl zu vermählen, und besetzte einstweilen als vorsorglicher Schwiegervater in spe die Freigrafschaft, trotz ihrer deutschen Lehensherkunft, sowie pikardische Pfandschaften Karls des Kühnen, wollte auch Artois und Flandern an sich reißen und über das übrige zu Gunsten seiner Helfershelfer verfügen. Wo denn aber der verlobte Maximilian und sein Vater

bei Granson am Nordufer des Neuenburger Sees und am 22. Juni bei Murten. Das Glück hatte seinen einstigen Liebling verlassen und das Allzuviele, welches er unternommen hatte, erdrückte ihn jetzt. Der vertriebene Herzog von Lothringen erspähte die Gelegenheit, in seine Hauptstadt Nanzig zurückzukehren, und verständigte sich mit den siegreichen Eidgenossen. Er hieß René II., war jedoch kein Nachkomme des viel berühmten und schicksalsreichen „Königs" und früheren Herzogs René, vielmehr der Enkel eines Widersachers von jenem. Karl mußte sich nach Lothringen gegen den Herzog und seinen schweizerischen Zuzug wenden, dort ward am 5. Januar 1477 vor den Mauern von Nanzig sein letztes schönes Heer besiegt, er selber jämmerlich erschlagen.

Abb. 22. Karl der Kühne und Maria von Burgund (König Ruhmreich und Jungfrau Ehrenreich). Holzschnitt des Teuerdank.

Abb. 23. Köln zur Zeit Friedrichs III. und Karls des Kühnen.
Ankunft der heiligen Ursula. (Gemälde von Hans Memling im Johannesspital zu Brügge.)
(Nach einer Originalphotographie von Braun, Clément & Cie. in Dornach i. E. und Paris.)

blieben, wird der Leser fragen; leider ist von unserem Helden in diesem Moment noch nichts zu berichten.

Maria in ihrer Not durch die Franzosen sah sich auf ihre Unterthanen angewiesen. Freilich hatte sie auch hier nur alles zu befürchten. In den Niederlanden, auf die es jetzt nach dem Verluste des eigentlichen Burgund allein ankam, fühlten die Stände und Städte die Erlösung von dem Machtdruck, der sie niedergehalten hatte, und schnellten jetzt empor. Um sie zu besänftigen und gewinnen, erteilte die Herzogin zunächst zu Gent „het Groot Privilegie" für Holland und Seeland, das für diese beiden Staaten nahezu eine Abdankung der Fürstin bedeutete; sie versprach hierdurch neben anderem, keine Ehe zu schließen, ohne ihre Absicht den Ständen vorzulegen. Die flandrischen Genter, die Maria in ihren Mauern und dadurch in ihrer besonderen Gewalt hielten, erzwangen sämtliche ihnen abhanden gekommenen Privilegien wieder. Die Stadt fühlte sich gewissermaßen wie eine Regierungsbehörde von Burgund, leitete, unbekümmert um die Herzogin, den Krieg gegen Ludwig XI. und unterhandelte mit ihm. In diesen Wirren trieben alle Beteiligten Hinterlist und doppeltes Spiel, am meisten aber Ludwig, der Maria an die Genter verriet, indem er ihnen die vertraulichen Unterhandlungen mitteilte,

Abb. 24. Denkmünze auf Ludwig XI. 1469.

die sie und er geheim vor den niederländischen Ständen gepflogen hatten. Allerdings hatte sich Maria, unerfahren, unklar und verschieden beraten, in ein gefährliches diplomatisches Wirrsal verstrickt. Es kam so weit, daß Gent zwei ihrer Räte, derer sie sich als Unterhändler bedient hatte, anstatt ihrer büßen ließ; sie wurden zum Tode verurteilt und drei Stunden danach mit dem Schwerte enthauptet, vor den Augen der jungen Herzogin, die mit aufgelösten Haaren um Gnade flehend auf die Richtstätte gestürzt kam. Sie selbst ward von allen Vertrauten und Freunden getrennt und unter Aufsicht des städtischen Magistrats gestellt.

Hätte Ludwig XI. seine tückische Art unterdrücken können, so hätte er offenbar

Abb. 25. Grabdenkmal Karls des Kühnen in der Liebfrauenkirche zu Brügge.

sein Ziel unschwer erreichen und die geängstigte Maria für seinen häßlichen Sohn gewinnen können. Dadurch hätte er den ihm sonst mangelnden legitimen Vorwand erlangt, alle seine Gewalt aufzubieten. Das Verlöbnis Marias mit Maximilian wäre keine ernstliche Hinderung für solche Pläne gewesen; wir werden bald zu erzählen haben, daß man in solchen Fällen sogar geschlossene Ehen unbekümmert beiseite setzte. Nun aber hatte der König bei der Erbin selbst alles verscherzt, und die Genter, die niederländischen Stände überhaupt wollten die starke und rücksichtslose Hand dieses fremden Königs in ihren Dingen gewiß nicht. Um so mehr beeilten sie sich, über andere Heiratspläne zu beraten, verfielen zunächst auf einige wenig geeignete Herren und kamen schließlich selber auf Maximilian zurück, der für sie zwei Vorzüge besaß: daß seine Hausmacht fern und schwer beweglich, also für sie weniger zu fürchten war, immerhin aber eine ansehnlichere war und daß schon durch die Wahl des Kaisersohnes an sich den französischen Gelüsten ein gewisser Einhalt geboten wurde. Und so haben auch wir uns nunmehr den freien Weg zu der Person unseres Helden gebahnt und wollen ihn gleich charakterisieren.

Die Kaiserin Eleonore, die ihn am 22. März 1459 zu Wienerisch-Neustadt gebar, war eine portugiesische Prinzessin; ihr mochte Maximilian die unverwüstliche, an Ruhelosigkeit streifende Lebhaftigkeit seines Wesens verdanken, die wenigstens kein Erbteil vom Vater sein konnte. Freilich ohnedies zeigen ja die Söhne regierender Väter oft ein mehr komplementäres Wesen zu deren Natur. Ganz anders wie Friedrich, der immer hinausschieben und aus dem Spiele bleiben wollte, mußte der Sohn überall selbst dabei und thätig sein, sich selber unmittelbar mit seiner Person in allem einsetzen, was er trieb, und war ungeduldig; es hat wenige Herrscher gegeben, die so sehr Augenblicksmenschen gewesen sind wie er. Dieser inneren

Abb. 26. Maria sendet aus nach Maximilian.
Holzschnitt des Teuerdank.

Lebhaftigkeit seines Temperaments entspricht auch, daß er wohl Geist und Verstand, doch noch mehr Phantasie besaß und diese ihn leicht mitbestimmte. Raschheit und Mut, Eroberungslust und Ehrgeiz hatte er genug, aber den Mangel noch wertvollerer Tugenden, der eigentlichen Errungenschaften des Mannes vermochte er damit nicht zu ersetzen. Selbstbeschränkung auf der einen Seite, Ausdauer auf der anderen fehlten ihm nur zu sehr. Während er just dabei ist, den einen Plan mit aller Unruhe zu verfolgen, taucht

26  Charakteristik Maximilians.

Abb. 27. Aus der „Genealogie Kaiser Maximilians".
Holzschnittvorlagen von Hans Burgkmair im k. u. k. historischen Hofmuseum zu Wien.

ihm ein anderer auf, und nun läßt er jenen liegen, wendet allen Eifer auf den neuen. Aus demselben Grunde trifft es ihn nicht allzu hart, wenn seine Wünsche unerfüllt bleiben; denn dieses Stadium des Mißlingens tritt gewöhnlich erst dann ein, wenn ihn schon wieder ein anderer Gegenstand beschäftigt und völlig in Anspruch nimmt. So ist denn Maximilian zu denjenigen Lebensaufgaben, die ihm durch alle seine Tage als die allerhöchsten vorgeschwebt haben, überhaupt nicht, dagegen allerdings zu manchem anderen gekommen.

Ein solches ständiges Hin und Her, das ja bei Privatleuten keine Seltenheit ist, wird, wenn es auch Regierenden anhaftet, in der Regel durch die Einrichtungen und Instanzen, durch das Schwergewicht des Regierungsapparates und den unbewußten Widerstand der Beamten gehemmt und teilweise aufgehoben. Aber Maximilian, wie schon gesagt, faßte alles ganz persönlich und unmittelbar an, leistete selber die kleine Arbeit mit. Er hatte eine unbeschreibliche Angst davor, seinen Räten zu viel nachzugeben und zu überlassen, von ihnen abhängig zu werden. Lieber verzichtete er oft darauf, für sich arbeiten zu lassen, hinterging sie

Abb. 28. Taufe Maximilians. Holzschnitt Hans Burgkmairs zum Weißkunig.

sogar, vertraute dem ersten besten anderen und verband sich mit solchen gelegentlichen Ratgebern gegen seine wohlunterrichteten und gewissenhaften obersten Beamten. Für die Gesandten und Diplomaten der auswärtigen Mächte war er ein sehr unbequemer Herr, weil er so völlig unberechenbar war, nicht etwa aus überlegener Klugheit, sondern aus sprunghafter Leichtbeweglichkeit. Selbst unehrlich war er zuweilen. Ganz gewiß ist die Politik keine Lämmerweide, aber Maximilian glaubte sich unter Umständen die nötige Deckung höchst einfach so verschaffen zu dürfen, daß er die dreiste Unwahrheit sagte. Oder er gab zum Beispiel den Franzosen auf eine bestimmte Abmachung sein „feierlich Siegel", den Engländern aber auf das Gegenteil seinen Eid, der stärker sei. Wir stehen ja allerdings in der Zeit, da die kalte Vorurteilslosigkeit der Romanen in politischen Dingen viel Schule in Europa machte. Aber Macchiavelli, der bewundernswerte Florentiner Historiker und Politiker, der in seinem viel berufenen und wenig verstandenen „Principe" das erste neuere System der Staatskunst formuliert und den Staatszweck als einzige, rücksichtslos und mit allen Mitteln befolgte Richtschnur für den dieser Zeit und speciell den in voller Gärung befindlichen italienischen Verhältnissen entsprechenden Fürsten demonstriert hat, er hatte an einem Papst Alexander VI., „der gar nichts

Abb. 29. Erste Begegnung der Eltern Maximilians. Gemälde von Pinturicchio im Dom zu Siena. (Nach einer Originalphotographie von Gebr. Alinari in Florenz.)

anderes that und dachte als betrügen", und den er gewiß nicht liebte, immerhin noch eher Gefallen als an Maximilian. Macchiavelli verteidigt ja sogar selber die „wohlangebrachte" politische Lüge, aber dieser Deutsche bleibt ihm ein Stümper. Maximilian war auch nie, was Macchiavelli unbedingt dem „Fürsten" riet, ein ernstlicher Freund oder Feind. „Er ist," so berichtet der Florentiner Diplomat aus eigener Kenntnis über den Träger der deutschen Krone, „in beständiger körperlicher und geistiger Aufregung, er nimmt oft abends zurück, was er morgens beschlossen hat." So behält er, dem vor allem nichts über die Konsequenz geht, gar keine Achtung für ihn. Wir könnten ja schließlich auch jene gelegentliche rasche Bereitschaft zur Unwahr-

Abb. 30. Änes Silvio Piccolomini aus Siena, Geschichtschreiber Friedrichs III., später Papst Pius II., empfängt vom Kaiser die Dichterkrönung. Gemälde von Pinturicchio im Dom zu Siena. (Nach einer Originalphotographie von Gebr. Alinari in Florenz.)

heit bei Maximilian aus dem äußerst impulsiven Wesen seiner Natur, aus seiner inneren Heftigkeit zu erklären suchen. Indessen es gibt auch einen Mißbrauch des „tout comprendre c'est tout pardonner".

Viel ausgerichtet hat Maximilian unbestritten durch seine lebhafte, frische Natur und seine Person überhaupt. Er gefiel auf den ersten Blick, war ein Herzensgewinner bei Männern und Frauen und beherrschte die Rede gut: sie floß von seinen Lippen, sagten die Zeitgenossen, „wie geschmolzenes Gold". Alles pries seine Liebenswürdigkeit, und Kurfürst Friedrich der Weise von Sachsen vermeinte, nie einen artigeren Mann getroffen zu haben. Allein die Leutseligkeit

Abb. 51. Maximilian als König. Gemälde von B. Strigel in der Alten Pinakothek zu München.
(Photographieverlag der Photographischen Union in München.)

sprochen wurde, fehlte ihm nicht bloß gegenüber Menschen, sondern auch bei dem, was er trieb und unternahm. Er war lerneifrig und lernfähig, kenntnisreich und voller Interessen. Aber seine Vielseitigkeit behält etwas Dilettantisches oder etwas Subalternes. Er war eifriger Soldat, indes noch mehr ein guter Feldwebel als ein Feldherr. Seine Tapferkeit freilich war über allen Zweifel erhaben, und ihr und seinem unverzagten Mut verdankt er manchen militärischen Erfolg. Ähnlich bewährte er in seinen persönlichen Gefahren und Nöten alle löbliche Würde und königliche Haltung; ein großes, vielgestaltiges Reich königlich zu bemeistern, war dagegen seine Sache nicht.

Solche unmittelbaren Persönlichkeiten haben in der Regel viel Humor und gewöhnlich auch Selbstironie. Maximilian hat seine unzähligen politischen Niederlagen beim Reiche und seine sonstigen Kalamitäten mit guter Art und ohne viel Kummer hingenommen.

der Fürsten verbraucht, wenn hinter ihr nicht eine große wirkliche Überlegenheit steht, nur zu leicht in kleiner Münze das Kapital der Autorität, und Maximilian imponierte schließlich niemandem mehr recht. Man hat sich nicht gescheut, unter Umständen mit ihm böse umzugehen und ihn sehr hart anzufassen. Die innere Überlegenheit, wovon soeben ge-

Ja, es konnte ihm inwendig ordentlich wohlthun, sich als möglichst ungerecht behandelt und für den Prügelknaben des Schicksals und der Mitwelt erklären zu können. Als irgendwo aufkam, seit Christo habe niemand so viel gelitten als Kaiserliche Majestät, war er der eifrigste Verbreiter dieses Wortes und war oft tief gerührt über sich selber.

Ewig war er in Geldnot, und hatte er einmal Barsummen für irgend einen Zweck aufgebracht, so waren sie gleich wieder fort, und man begriff nicht, wohin er das Geld eigentlich verthat, da er einfach lebte und seine Liebhabereien nicht kostspielig waren. Diese ständige Finanzkalamität hat natürlich auf sein Thun und Lassen und selbst auf seinen Charakter viel Einfluß geübt. Es ist zwar schmählich, wenn ein venezianischer Zeitgenosse von ihm sagt: Um einen Dukaten sei er für alles zu haben, aber doch eben nur im Ausdruck übertrieben. Maximilian hat, als er schon die Krone trug, sich zu mancher Unternehmung für Fremde um Lohn hergegeben und hat sowohl Venedig wie England als gemieteter Feldhauptmann gedient, kaum anders als die parteilosen Condottieren oder Söldnerführer Italiens, die mit ihren geworbenen Haufen, die sie als Unternehmer zusammenbrachten, rein geschäftlich im Dienste des jeweils Meistzahlenden Krieg führten. Konsequent und ausdauernd ist jedoch Maximilian in seinen politischen Heiratsunternehmungen gewesen; hierin war er Habsburger und der getreue Sohn seines Vaters. Und wenn das Glück ihn dabei zuweilen betrog, so hat es ihn auch wieder, wie wir sehen werden, überreich entschädigt, indem es seinem Hause Erbschaften in den Schoß warf, an die man bei den betreffenden Ehebündnissen unmöglich schon mit so großen Hoffnungen hatte denken können.

Wir werden so manches Liebenswürdige und Sympathische von Maximilian zu berichten haben, besonders auch, wenn von seinem Familienleben, von seinem persönlichen Verhältnis zu Litteratur, Wissenschaft und Handwerk zu reden sein wird. Aber der Mann, dessen die Zeit bedurfte, wo ein verwandeltes politisches und Kulturleben an allen Enden zugleich an die Oberfläche drängte und wo ein Luther aufstand: ein Mann voll rücksichtsloser Energie und Größe im guten Bewußtsein seines Allgemeinsinnes, das war Maximilian nicht. Was man von ihm sagen kann, ist, daß er

Abb. 32. Blatt aus einem Missale Maximilians I.
k. u. k. Hofmuseum zu Wien.

zeitlebens von sehr jugendlicher Natur geblieben sei. Gewiß liegt nicht zum wenigsten in dieser unermüdeten Jugendlichkeit die Anziehungskraft seiner Persönlichkeit begründet. Sie bietet uns wenig politische Großthat, wenig konsequentes Zielbewußtsein, Maximilian erscheint viel weniger in dem Berufe, ein Führer anderer zu sein, als er vielmehr ein in seinem vielseitigen individuellen Wollen und Verlangen begnügter und beschäftigter Mensch für sich gewesen ist. Vom großen historischen Drama hat daher sein Lebensinhalt wenig an sich, desto mehr von dem formloser komponierten, an bunten Gestalten und Bildern, an Überraschungen und jähen Schicksalswechseln reichen epischen Rittergedicht.

Nun rief ihn im Jahre 1477 seine Anverlobte in ihrer Not, und gleichzeitig erwies sich eine entgegenkommende Stimmung ihrer ungebärdigen Unterthanen für ihn vorhanden. So zog er denn hinaus, Maria zu gewinnen und für sie gegen Frankreich zu streiten. Nicht zum wenigsten hat diese kampfgemute Brautfahrt des „Ritters Teuerdank" dazu beigetragen, dem Sohne des Kaisers die Teilnahme und Zuneigung der Deutschen zu erwerben. Und der zu erwartende Erfolg, der Maximilian zum Nachfolger des fast abergläubisch gefürchteten Karl und zum glänzenden und reichen Herrn dieser in ganz Europa beneideten,

Abb. 34.
Schwert Maximilians mit Scheide. Ältere Arbeit (um 1450).
(Nach einer Originalphotographie von J. Löwy in Wien.)

dem Reiche übrigens auch durch diese Heirat noch nicht zurückgewonnenen Länder machen konnte, mußte bei dem unausrottbaren Bewunderungsbedürfnis des naiven Volksgemüts nur noch mehr zur Verherrlichung führen. Im breiten Volke wußte man ja nicht, wie peinlich die Reise des Erzherzogs verzögert worden, wie schwierig die Aufbringung der notdürftigsten Mittel dazu gewesen war und daß Maria ihn schon eine Zeitlang beiseite

Abb. 33. Aus dem Holzschnittwerk Albrecht Dürers „Die Ehrenpforte":
Maximilian und seine Braut Maria von Burgund.

Die Vermählung. Parteien in Burgund.

gelassen und schließlich gedroht hatte, wenn er nicht bälder käme, des Verlöbnisses nicht achten zu können.

Um die Vermählung, nachdem die Fahrt beschlossen war, nicht noch länger in Frage zu stellen, fand sie Ende April 1477 zunächst durch Prokuration, durch Stellvertretung, statt, was bei fürstlichen Ehebündnissen damals überhaupt ein häufiger und bequemer Ausweg war, um die Schwierig-

Wort zu haben, selber ihn gewollt hätten. Jetzt kamen auch die alten aus dem XIV. Jahrhundert stammenden Parteinungen mit den wunderschönen, nach Meer und Fischmarkt duftenden Namen der Hocks und Kabeljaus (Hock ist Fischangel) wieder auf. Die historischen Parteinamen haben ja fast alle die Eigenschaft, daß man für den Ursprung der so unendlich viel gebrauchten gar keine oder nur eine hypothetische Ver-

Abb. 35. Aus den Marmortafeln am Innsbrucker Denkmal: Vermählung Maximilians mit Maria von Burgund.
(Nach einer Photographie von Fritz Gratl in Innsbruck.)

keiten zu vermeiden, welche oft durch die große räumliche Entfernung und die dadurch mitbedingten Anstandsfragen entstanden. Am 19. August konnte nach Maximilians endlicher Ankunft die wirkliche Hochzeit gehalten werden (Abb. 33, 35, 36, 42).

Der junge Beschützer der Herzogin sollte nunmehr mit den ihr verfügbaren Machtmitteln den Kampf gegen Frankreich aufnehmen. Aber von vornherein gab es auch viel Unruhe im Lande selber. Maximilian konnte zunächst allerdings darauf pochen, daß die Stände, die fortfuhren, das große

legenheitserklärung hat; sie entstehen irgendwo durch witzige Beziehung oder auch ohne solche aus kleinem Anlaß, gefallen, und weil sie sozusagen Bedürfnis sind, verbreiten sie sich rapid; jedermann wendet sie schleunigst an. Jedenfalls bestanden die Hocks hauptsächlich aus den großen und alten Familien, die Kabeljaus aus den mittleren Schichten der Städte und des Volkes. Daß sie jetzt wieder grimmig gegeneinander standen, konnte für Maximilian eine günstige Handhabe sein, die Hockschen bewilligten ihm auch bereitwillig 80000 Thaler; aber er

Heyck, Kaiser Maximilian I.

Abb. 36. Maximilian und Maria von Burgund.
Gleichzeitige Denkmünze.

brachte es dennoch nicht zu Ansehen im Lande; selbst die persönliche Beliebtheit, die er in Deutschland leicht erreichte, wollte sich bei dieser ebenso bedächtigen, wie selbstgefälligen Bevölkerung nicht erwecken lassen. Er kam nicht recht aus den Lehens- und Beamtentraditionen seiner österreichischen Heimat los, hatte wenig Begriff von den vorwiegend städtischen und halb republikanischen dem Verhältnissen seiner neuen Umgebung und entsprechenden Wesen der Leute: er war aber andererseits auch kein Reaktionär, dachte an nichts weniger, als etwa entschlossen an die Spitze der Hoch zu treten, alle in den älteren und ritterlich-feudalen Überlieferungen stehenden Elemente um sich zu sammeln — kurzum, er war niemandem ganz recht und eigentlich überflüssig. Daß er über die Franzosen den fröhlichen Feldzieg von Guinegate (1479) errang (Abb. 37), brachte ihn den

Abb. 37. Aus den Marmortafeln am Innsbrucker Denkmal: Schlacht bei Guinegate.
Nach einer Photographie von Fritz Gratl in Innsbruck.

Niederländern kaum näher und nützte nicht einmal sichtlich für den Krieg selbst; im ganzen schleppte sich dieser lahm in Waffenstillständen dahin.

Indessen Maximilian war glücklich, was ihm ja so leicht wurde zu sein. Und hier war eine Veranlassung dazu, solche, die echt war und ist und bleiben wird, solange eigenes Menschentum und reines Herzens-

Maria war ein verständiges und liebenswertes junges Weib. Sie wollte, seit sie ihren Mann hatte, nur Gattin sein, keinen Vorrang vor einem Prinzgemahl als Erbin und Herzogin aufkommen lassen, sie ordnete sich aus freiestem Entschluß unter und wies ihm, wo sie nur Gelegenheit hatte, die öffentliche Stellung des vollgültigen Herrn und Regenten zu. Die Liebenswürdigkeit

Abb. 38. Maximilian und Maria lehren einander Hochdeutsch und Französisch.
Aus den Holzschnitten zum „Weißkunig".

glück wertvoller sind, als äußerer Erfolg und alle Güter des Ehrgeizes und der Machtbegierde. „Hätten wir Frieden, wir säßen wie im Rosengarten," schrieb er einmal in diesen Jahren. Aus der politischen Ehe der beiden Fürstenkinder, die sich vorher nie gesehen hatten, war eine schöne und reiche Liebe hervorgegangen, und neue reinste Freuden erwuchsen den beiden, als Maria 1478 einen Sohn, Philipp, 1480 eine Tochter, Margarete, gebar. Ein weiteres Kind, Franz, starb bald nach der Geburt (1481).

und Klugheit dieses Verfahrens wird dadurch nicht geschmälert, daß die kurze Versuchszeit ihres eigenen Regiments nicht danach angetan gewesen war, sie nach einer weiteren Fortsetzung Verlangen tragen zu lassen.

Wie ihr ganzes Wesen, war auch die Erscheinung Marias anziehend, allerdings mehr von jenem unmittelbaren lebendigen Zauber, der im Porträt immer etwas verliert. Ihre Augen nahmen jeden gefangen, und solche Frauen sind immer schön. Dazu war sie vollendet gewachsen, war lebhaft und anmutig in ihrem ganzen Auftreten. So ist von ihr der Eindruck einer auch äußerlich ungewöhnlich anziehenden jungen Frau übriggeblieben. Ihr Körper war in mancherlei Übungen gewandt und gekräftigt; die Tochter Karls des Kühnen teilte ohne weiteres und ohne Anempfindung von vornherein die Vorliebe Maximilians für Reiten, Jagen und Turnierspiel. Sie paßten beide vortrefflich zusammen, indem sie sich teils ergänzten, teils als gute Kameraden in gemeinsamen Neigungen begegneten. Freilich in einer Kunst konnte er ihr nur zuschauen und verzichtete darauf, das Schauspiel eines allzu erwachsenen und vornehmen Schülers zu bieten, in derjenigen, welche bekanntlich in den Niederlanden ihre älteste Heimat hat: wenn sie im Schlittschuhlauf auf den langgeschnäbelten Eisen sicher und mit heiter geröteten Wangen dahinglitt.

Am traulichen Abend daheim waren alte Aventüren ihre liebste Unterhaltung, die lasen sie zusammen und erlebten, ganz vertieft in den Stoff, alle Gefahren und Sehnsucht, Trauer und Wonne der liebenden Ritterpaare mit. Oder sie vergnügten sich durch wechselseitigen Unterricht (Abb. 38). Sie lehrte ihn französisch, weil es die burgundische Hofsprache war, und er sie das Hochdeutsch seiner Heimat, welches seit längerer Zeit die Grundlage einer mehr und mehr um sich greifenden allgemein deutschen Kanzlei- und Schriftsprache geworden war, die als solche ja danach durch Luther zum völligen Siege geführt werden sollte. Die Volkssprache in den Niederlanden bildeten übrigens, von der kleinen wallonischen Minderheit abgesehen, die vlämischen und holländischen, also niederdeutsche Dialekte; um sich hierin in erwünschter Weise verständlich machen zu können, ließ Maximilian sich von einer Dame des Hofes Unterricht erteilen.

Sein ganzes Leben hindurch hat Maximilian Jagdabenteuer gehabt, gesucht und dafür gesorgt, daß man von ihnen sprach. Durch Gewandtheit und manchmal nur durch günstige Zufallsverkettung hat er für seine Person den „Feind Unfalo", wie er im Teuerdank allegorisierte, immer glücklich bestanden, aber ihm sein Liebstes rauben sollte gerade die Art Übermut, womit er so gern kokettierte.

Es war bei einer Reiherbeize im ersten Frühjahr 1482. Maria erwartet ihr viertes Kind, kann sich aber nicht entschließen, daheim zu bleiben, und reitet mit. Sie erspäht einen großen sitzenden Reiher, treibt ihr Roß näher heran und will den Falken von der Hand lösen, da strauchelt und stürzt das Pferd, wirft die Reiterin an einen Baumstumpf und fällt auf sie. Man findet außer anderen schweren Verletzungen einige Rippen der Verunglückten gebrochen, die schlimmste Folge sucht ihre Scham und Reue zuerst noch zu verheimlichen.

Abb. 39.
Jagdschwert Maximilians samt Scheide und Besteckmesser.
(Nach einer Photographie von J. Löwy in Wien.)

Maximilian war in trostloser Verzweiflung und verzagte laut, wenn er an ihrem Schmerzenslager saß; dann richtete sie ihn auf und beruhigte ihn, soviel sie vermochte. Aber wenn er nicht anwesend war, dann brach ihre Jugendkraft und Lebenslust in leidenschaftliche Thränen aus, und sie jammerte bitterlich um ihr versichertes junges Leben. Nahe vor ihrem Ende ließ sie die Ritter vom Goldenen Vließ an ihr Bett treten und geloben, daß sie ihren Kindern und ihrem Gemahl unverbrüchliche Treue halten würden. Maximilian war seit 1477 Großmeister des Ordens, da Karl der Kühne selbst für den einstigen Gemahl seiner Tochter die Nachfolge in dieser Würde bestimmt hatte. Auf diesem Wege ist, nebenbei gesagt, dieser berühmte burgundische Hof-„Orden" zum ersten habsburgischen und somit österreichischen und spanischen geworden.

Am 27. März verschied Maria, fünfundzwanzig Jahre alt (Abb. 41). Ihr Verlust hatte für den niedergeschmetterten

Abb. 10. Falke auf der Fauſt, mit Haube und Feiſel.
Gemälde eines Falkeniers von Hans Holbein. Königl. Gemäldeſammlung im Haag.
(Nach einer Originalphotographie von Braun, Clément & Cie. in Dornach i. E. und Paris.)

Maximilian zugleich auch die Folge, daß er politiſch den Boden gänzlich unter den Füßen verlor. Er hätte auftreten ſollen als der natürliche Vormund des jungen Herzogs Philipp, ſeines Sohnes, aber die Vlamen erhoben Widerſpruch. Flandern mit Brügge und Gent ward als das Hauptland im niederländiſchen Burgund angeſehen, und ſo übten die Vlamen eine Art Führerſchaft und Hegemonie aus; ſie entriſſen ihm den Knaben, gerade ſo, wie ſie ſich einſt der Perſon Mariens bemächtigt hatten, und ſetzten einen Regentſchaftsrat ein. Auch begannen ſie, wie damals, ſelbſtändig mit dem drohenden Frankreich zu unterhandeln. Noch 1482, im Dezember, ſchloſſen ſie den Vertrag zu Arras ab. Darin verlobten ſie dem franzöſiſchen Dauphin Karl die zweijährige Tochter Maximilians und Marias, Margarete, und lieferten als ihren Brautſchatz an Ludwig XI. die ihrer Verfügung gar nicht zuſtehende Freigrafſchaft und Artois, ſowie das Kind ſelber aus, damit es am franzöſiſchen Hofe erzogen oder vielmehr als ſicherſtes Pfand des Vertrages dort in ſanfter Verwahrung gehalten werde. Einſt hatte die franzöſiſche Politik Karl mit Maria vermählen wollen, jetzt erpreßte ſie die Tochter. Die ganze damalige Staatengeſchichte ſpielt ſich weſentlich in den Heiratsplänen und Ehebündniſſen der großen Familien ab, das Haus Habsburg ſtand damit keineswegs allein, ſie trieben's alle, nur die anderen nicht mit ſo überraſchendem ſchließlichem Erfolg.

Maximilian durfte ſich mehr wie je eingeſtehen, er ſei die entbehrlichſte Perſon im Lande. Und doch konnte er nicht einmal davongehen. Im Reiche war er nichts, hatte dort weder Amt noch Stätte, in den Erblanden wußte ihn der mißtrauiſche Vater nach der neidigen Art der Unthätigen nicht gern. So blieb er also da, lag den Niederlanden auf der Tasche und sah zu, wie nun nach der Abkaufung des äußeren Feindes die inneren Streitigkeiten hoch emporflammten, Hocks und Kabeljans einander grimmig und schonungslos bekriegten.

In der europäischen Geschichte geht die Roheit um, ohne einer Nation speciell zugesprochen werden zu können. Die Völker weisen einzeln in den Wandlungen ihrer Geschichte die ganze Stufenleiter zwischen Selbst-

Besonders stand Brügge in diesem Rufe, und manche Firmen und Kontore fanden darin die erste Veranlassung, nach Antwerpen überzusiedeln. Durch die Straßen der niederländischen Städte tobte der politische Mord und drang auch über die Gräben und Zugbrücken der Burgen. Selbst junge schöne Frauen schürten mit jener Grausamkeit, die eine entartete Form der Sinnenlust ist, den blutgierigen Haß und betrachteten vornehme Geburt eher als eine Aufforderung zur Emancipation von aller weiblichen Sitte.

Abb. 41. Grabmal der Maria von Burgund in der Liebfrauenkirche zu Brügge.

beherrschung und unmenschlicher, oder vielmehr, da das Tier so roh nicht ist, teuflisch behaglicher Grausamkeit auf. Aber die Periode des Tiefstandes fällt bei den einzelnen in verschiedene Zeit, und nach der Reihe zeichnet sich je eine Nation vor den übrigen unvorteilhaft aus, bald Italiener, bald Deutsche, bald Spanier, bald Franzosen, bald Engländer. Übrigens nicht bei allen gleich abscheulich, gleich dauernd oder leicht wiedererwachend. Im XV. Jahrhundert war die selbstgefällige Roheit zu Hause bei den Niederländern, denen sie dann auch als kolonialen Eroberern nach den Spaniern und vor den Engländern wiedergekehrt ist.

Wer gefangen ward, der sah zumeist den Tod, als Strafe aber war der Tod längst nicht mehr genug, er mußte noch zur Augenweide scheußlicher Zuschauer durch Marterung ausgeschmückt werden. Nur eine Begebenheit sei erzählt, keine besonders ausgesuchte und lange nicht die blutigste, aber ebendarum ein gutes, allgemein bezeichnendes Durchschnittsbeispiel. Die Hockschen lagen stürmend vor der Kirche von Barneveld, deren Turm als Citadelle des Dorfes diente, wie im Mittelalter durchweg die quadergefügten oder mauerfesten Kirchtürme der nicht befestigten Orte. Die Verteidiger waren zur Übergabe bereit, aber die Belagerer wollten diese nicht an-

Abb. 42. Erinnerungsmünze mit den Bildnissen Maximilians I. und der Maria von Burgund.

nehmen, ehe nicht zuvor der Befehlshaber drinnen, Jan van Schaffelar, vom Turm heruntergeworfen würde. Das verweigerten, um so mehr als gar keine persönliche Veranlassung für die Forderung vorlag, die Eingeschlossenen, wenn es ihnen nun auch allen ans Leben gehen sollte. Da opferte Jan sich selber und ließ den Belagerern sagen, er werde sich trotz der Seinen freiwillig herabstürzen. Sie waren es zufrieden und umstellten den Turm rings mit Leuten, die ihn auf Lanzenspitzen auffangen mußten.

Bei den erbitterten Spaltungen und Kämpfen im Lande kam aber Maximilian, obwohl seine Neutralität nur Ohnmacht war, allmählich doch wieder zu Ansehen. Auch daß Ludwig XI. im April 1483 gestorben war und nun in Frankreich, wie in Burgund, ein Unmündiger Throninhaber war, kam ihm zu gute: es war weniger Komplikation von außen zu fürchten. Im Jahre 1485 gestand ihm Flandern die Vormundschaft über Marias Sohn zu und lieferte den jungen Herzog aus, nur durfte er ihn nicht mit sich aus dem Lande nehmen. Endlich also hatte der Erzherzog ein festes Amt. Und nun sollte er bald auch noch zu einer anderen Würde und zu ganz großen Aussichten gelangen. Dem Schicksal, das die Wage seines Glückes und Niederliegens sein ganzes Leben durch unruhig hin und her schwanken ließ, beliebte es für eine Weile, nur die Schale des Glückes zu füllen.

Kaiser Friedrich hatte seit längerer Zeit den Ungarnkönig Matthias Corvinus durch Versäumnis verschiedener eingegangener Verpflichtungen schwer gereizt. Matthias begann im Sommer 1485 Krieg, drang in Österreich ein und besetzte die Hauptstadt Wien. Friedrich mußte fliehen und kam nach Innsbruck, worüber sein Vetter, der Herzog Siegmund, nicht sonderlich erfreut war. Von Tirol ging er nach Schwaben weiter und lagerte sich hier in Klöstern und Reichsstädten ein, als begehrlicher, unlieber Gast. Nicht allen gelang es, wie dem Reutlinger Rat, sich die Ehre des kaiserlichen Besuches zu verbitten, da man mit Küche und Herberge nicht gar wohl versehen sei. Aber zu einem ward diese peinliche und niedrige Situation doch gut: endlich ließ sich Friedrich bereit finden, sich mit dem Sohne in Beziehung zu setzen. Es war der tüchtige und treue kaiserliche Rat Graf Hug von

Abb. 43. Burgundischer Hofbecher. Original im k. u. k. kunsthistorischen Hofmuseum zu Wien.

Werdenberg, der dem unlustigen Alten diesen Schritt abrang. Gerade damals hatten manche begonnen, für das Reich und den ungarischen Handel auf Maximilian zu sehen. Er war wenigstens mutig und tapfer, in manchem immerhin bewährt und in letzter Zeit auch erfolgreich; zudem ist alle Welt nun einmal und nicht mit Unrecht der Meinung, daß Fortuna als ein Weib es lieber mit der Jugend hält.

Der Kaiser selbst, obwohl hochbetagt und 46 Jahre an der Regierung, war bisher das Haupthindernis für den Gedanken gewesen, dem 26 jährigen Maximilian die Nachfolge im Reiche zu verschaffen. Letztere war bei weitem nicht so selbstverständlich oder auch nur naheliegend, als es nachträglich leicht erscheinen mag, wo jedermann den

Abb. 45. Knabenharnisch Philipps des Schönen.
(Nach einer Photographie von J. Löwy in Wien.)

Abb. 44. Reiterharnisch des Herzogs Siegmund von Tirol. Um 1470.
(Nach einer Photographie von J. Löwy in Wien.)

Kaiser Maximilian kennt. Das alte dynastische Kaisertum der regierenden Familien hatte mit den Staufern sein Ende genommen. Seit dem Interregnum war Deutschland nach der längst grundsätzlich vorhandenen und endlich siegreichen Politik der Territorialherren ein vollkommenes Wahlreich geworden, und die Geschlechter hatten bunt gewechselt, aus denen man den Träger der Krone herausgriff. Keineswegs hatte seitdem Hausmacht an sich, sondern sie hat jetzt eher ausnahmsweise bei bestimmten Anlässen die Bewerber zur Wahl empfohlen. Habsburg war wohl beharrlich immer wiedergekehrt, aber nur umsichtig mit den anderen Häusern und auch nicht in der Weise, daß man sich an eine bestimmte habsburgische Linie hielt. Ebenso war seit dem Interregnum kein römischer König mehr bei Lebzeiten des Kaisers als Nachfolger erwählt worden. Was Maximilian anlangte, so fiel bei ihm eine eigene Machtstellung gerade zur Zeit nicht sonderlich ins Gewicht.

Abb. 46. Maximilian.
Gemälde von Lucas von Leyden in der k. und k. Gemäldegalerie zu Wien.
Nach einer Photographie von J. Löwy in Wien.

Das Herzogtum Österreich — vielmehr Erzherzogtum, Archi-Ducatus, wie es seit 1453 durch Friedrichs III. Verleihung hieß —, das Maximilian mit einigen Nebenländern einmal als Erbe erwarten konnte, befand sich größtenteils in den Händen der Ungarn. Für den zweiten größeren habsburgischen Komplex, Tirol und Vorderösterreich, war kein direkter Nachfolger vorhanden, auch, obwohl Sigismund 1484 noch einmal wieder geheiratet hatte, kaum zu erwarten. Aber es bestand die Möglichkeit, daß der mißmutige Herr das Land teilweise (nämlich Tirol) an den Münchener Herzog verschenke zur Vereinigung mit dem volklich alt verwandten Bayern, teilweise es weghandle, wie er es mit einigen der westlichsten Gebiete am Rhein ja schon begonnen hatte. Schwerlich hätte sich eine Reichsinstanz bewogen oder imstande gefühlt, hindernd einzuschreiten. Die einzige Position, die Maximilian inne hatte, war also die burgundische Regentschaft, die aber auch nach etlichen Jahren, wenn ihr nicht schon vorher wieder ein unnatürliches Ende gemacht wurde, ablaufen mußte und bis dahin eher eine lästige Quelle von Verwickelungen des Reichs in habsburgische Interessenkämpfe werden konnte. Es gehörte der phantasiereiche Optimismus Maximilians dazu, unter den Umständen, wie sie waren, König werden zu wollen. Aber er wollte es, und das ist immer schon etwas oder viel. Wenn das hartnäckigste Hindernis für die Verwirklichung bisher der alte Kaiser gewesen war, so konnte dieser Umstand dem Sohne bei seinen geduldigen Verhandlungen mit den Kurfürsten in dem pro und contra der Stimmungen und Interessen in mancher Beziehung eher eine Fürsprache sein.

Jetzt also, im Dezember 1485, kamen Vater und Sohn in Aachen zusammen, besprachen und verständigten sich, und auf den

Abb. 48. Anna von Bretagne.
Denkmünze von 1499 aus Lyon.

Februar 1486 schrieb der Kaiser einen Reichstag nach Frankfurt am Main aus, wo die Angelegenheit der Königswahl, für welche Frankfurt ja schon seit längerer Zeit der herkömmliche Ort geworden war, an die Kurfürsten gebracht werden sollte. Noch zu guter Letzt wuchsen die Schwierigkeiten wieder bedenklich in die Höhe; Frankreich und Ungarn ließen nichts unversucht, um der neuen Wahl aus demjenigen Hause, das durch die Verhältnisse ihr natürlichster Gegner war, Schwierigkeiten zu machen, und auch Friedrich, obwohl er selbst die Wahl beantragte, konnte es sich nicht versagen, noch wieder möglichst viel Kauteleen und Einwürfe einzumengen. Dennoch erfolgte schließlich sogar eine einstimmige Wahl Maximilians. Die einen, wie der edele und tapfere Albrecht Achilles von Brandenburg, wählten ihn, weil sie sich für das Reich einer kraftvollen Leitung von dem so feurig redenden jungen Herrn versahen; die anderen, wie Bertold von Mainz, weil sie ihn der von ihnen geplanten „Reichsreform", die eine starke Verminderung der kaiserlichen Souveränität in sich schloß, nicht so abgeneigt fanden, daß sie viel

Abb. 47. Siegel Maximilians als römischen Königs.

Widerstand von ihm erwarteten. So also ward auf dem Reichstage zu Frankfurt Maximilian am 16. Februar 1486 zum Römischen König gewählt. Während des Wahlaktes in der Bartholomäuskirche saß Kaiser Friedrich wartend in dem Zimmer der Bücherei, und als ihm der Ausgang gemeldet wurde, da mußte er, wie berichtet wird, mißiglich weinen. Nach Jahrhunderten zum erstenmale erblickte wieder ein Kaiser seinen gewählten Nachfolger, es war ein Ereignis geschehen, das nicht ohne besondere Wirkung bleiben konnte. Der Wahltag von 1486 und der nächste, die Wahl Karls V. 1519, sie bilden denn auch in der That die beiden folgewichtigen Vorgänge, durch welche das habsburgische Haus zur thatsächlichen Erblichkeit in der Kaiserwürde gelangt ist (Abb. 47).

Zur Krönung ritten die Kurfürsten und ein ansehnliches Gefolge von Fürsten und Herren mit dem Kaiser und dem König den Rhein hinunter und nach der Stadt Karls des Großen. Der Einzug in Aachen, vor den Thoren festlich vorbereitet, dauerte mehrere Stunden und bot alles erwünschte Gepränge. Wir stehen gerade in der Zeit, wo derartige Prunkschaustellungen im westlichen Europa ihren Höhepunkt erreichten, nachdem die Renaissance sowohl in ihrer Heimat Italien, wie in Deutschland und Frankreich die Fürsteneinholungen, die großen Hochzeitszüge und sonstigen Prachtveranstaltungen zu kostbarer und harmonischer Vollendung ausgebildet hatte. Die künstlerischen Triumphzüge, wie sie von Dürer, Burgkmair und anderen damals und weiterhin entworfen und durch den Formschnitt unter das Publikum verbreitet wurden, waren also keineswegs Gebilde der Allegorie oder dekorativen Phantasie, sondern Schilderungen und Entwürfe, die sich an die wirklichen Festveranstaltungen der Höfe anlehnten oder unter Umständen ihnen vorausgingen.

Die Reichsstadt Nürnberg hatte die Reichskleinodien und Kroninsignien, welche bei ihr seit 1424 in Verwahrung waren, und die heute in Wien sind, nach Aachen gesandt, und am 9. April geschah die Krönung. Nach dem Empfang der römischen

Abb. 49. Kunz von der Rosen.
Kupferstich von Daniel Hopfer. (Zweiter Abdruck, durch hinzugefügte Schrift zu einem Bildnis des Klaus Störtebeker verunechtet.)

Krone im Münster saß Maximilian auf dem steinernen Stuhle Karls des Großen und erteilte zweihundert ritterbürtigen Anwärtern den Ritterschlag. Danach erfolgte im Rathause das hoch feierliche Krönungsmahl. Auf der obersten Stufe der Estrade im Saal saßen der Kaiser und der König, mehrere Stufen tiefer die Kurfürsten. Ehe sich der Pfalzgraf und Kurfürst bei Rheine an Tische seiner Standesgenossen niederließ, hatte er noch seines Erzamtes zu walten.

Abb. 50. Denkmünze auf Karl VIII. von Frankreich.
Nach einem Exemplar im Königl. Münzkabinett zu Berlin.

Er war des heiligen Römischen Reiches und des Königs Erztruchseß oder Dapifer; als solcher begab er sich in die Ratsküche und trug mit dem gebührenden Ceremoniell eine verdeckt hergerichtete besondere Schüssel für den Tisch des Königs herbei.

Gleichzeitig fehlten die Veranstaltungen nicht, auf die das Volk draußen harrte. Im Rathaushofe lief ein Brunnen aus drei Röhren mit Rheinwein und ein Ochs ward gebraten, in dem stak ein Schwein, in dem wieder eine Gans, in der ein Huhn und so ähnlich immer kleiner herab, mehr zum Erzählen als sonderlich gut zu essen, ein rechtes Beispiel der damaligen, so gern grotesken Gastronomie. Auf dem Markt war ein Berg Hafer aufgeschüttet, in den ritt nach der Tafel der Kurfürst von Sachsen als Erzmarschall hinein, bis das Roß fest stak, bog sich dann aus dem Bügel, füllte ein silbernes Gefäß mit dem Hafer, strich ab mit silbernem Stabe und schüttete den Inhalt des Gefäßes einem Nahestehenden in den erhobenen weiten Ärmel. Kaum erkennt man in dieser Ceremonie, zumal die Pointe possenhaft verunstaltet ist, noch den ursprünglichen Sinn des Hofdienstes für den König durch seinen Marschall wieder, wie man freilich ebensowenig leicht in des Reiches oberstem oder Erzmarschall ohne weiteres den Marstalk, den Mährenknecht aus der verschollenen germanischen Einfachheit des frühesten Merowingerhofes wiedererkennt. Das silberne Gerät und das Roß empfing dann der Reichsmarschall von Pappenheim nach altem Anspruch seines Amtes vom Erzmarschall zur Beute, und um den Hafer raufte das Volk.

Dem Könige im Saal wurden unterdes Ehrengeschenke dargebracht. Er war in einer seiner großen Stimmungen, sehr zu gnädigen Scherzen aufgelegt und dankbar für alle Objekte und Zuhörer. Unter anderen erschien eine Abordnung der Ortsjuden und überreichte das für sie übliche Körbchen mit goldenen Eiern. Maximilian in seiner Laune sagte den spitzbärtigen Überbringern, sie möchten doch noch ein wenig da bleiben, womit er ihnen unbeabsichtigt eine heillose Angst einjagte. Denn die Aufmerksamkeiten hoher Herren gegen die Söhne Israels durften in der Regel als bare Münze betrachtet werden, nämlich als solche, die sie bezahlen sollten. Man konnte nichts wissen, und das Geschäft mit den Königen war damals noch schlecht. Sie baten also flehentlich, er möge sie hinauslassen, und da er gewährend sagte, zwar ungern lasse man Hühner fliegen, die so kostbare Eier legten, machten sie sich unter allgemeiner Heiterkeit schleunigst davon.

Es war doch vieles erreicht. Maximilian war König und zwar durch das einhellige Vertrauen der Wähler. Die Habsburger erkannten es als Zeichen, daß das Reich sie nicht im Stich lassen und ihre Länderwerbungen als einen Gewinn des deutschen Kaisertums ansehen wolle. So schmiedeten sie das Eisen, solange sie es warm wußten, und erreichten auf dem Reichstage von Nürnberg 1487 den Beschluß eines Ungarnkrieges. Indessen die Ausführung blieb unzulänglich, trotzdem der „rechte Arm des Reiches", wie man ihn nannte, Albrecht von Sachsen, den Befehl führte; Österreich blieb in den feindlichen Händen und es zeigte sich, daß die Krone für solche Zwecke anderer Kräfte bedürfte, als der mühsam bewilligten und dann stets nur zum kleinsten Teile wirklich geleisteten Reichs„hilfen". Da wurden gerade in diesem Moment solche Kräfte gefunden, indem 1488 die Gründung des Schwäbischen Bundes gelang, der den erwählten Trägern der Kaiser- und Königskrone eine neue und nicht unerhebliche Macht zur Verfügung stellte.

Das Herzogtum Schwaben oder Alamannien, was dasselbe ist, umfaßte von heutigen Gebieten einst Württemberg, Hohenzollern, bayerisch Schwaben, Vorarlberg, die deutsche und rhätische Schweiz, Südbaden bis zur Los und Murg und das ganze Elsaß. Der Bodensee, der fast genau den geographischen Mittelpunkt des weiten alamannischen Umkreises bildet, war damals also noch viel richtiger das „Schwäbische Meer" als heute, wo sich der volkstümliche Begriff Schwaben vor den Oberhand gewinnenden neuen Ländernamen auf die oberen Neckar- und Donaugebiete zurückgezogen oder für viele mit dem Königreich Württemberg vorzugsweise verbunden hat. Hat ihn doch auch im bayerischen Schwaben nur der gute historische Sinn des Königs Ludwig I. gegenüber einer bureaukratisch-künstlichen Umbenennung zu retten vermocht.

Der ducatus Alamanniae oder Sveviae, das schwäbische Herzogtum, hat bestanden bis zum Untergange der Staufer, mit denen er seine Herzöge verlor. Nach dem Interregnum dachte begreiflicherweise König Rudolf von Habsburg eifriges Planen auch daran, dies alte Stammgebiet durch ein, seinen Söhnen zu nutz, erneuertes Herzogtum wieder zusammenzufassen. Aber dies gelang nicht, und sein Haus mußte sich mit Einzelerwerbungen begnügen. Diese hat es durch Generationen beharrlich fortgesetzt, so daß die ursprünglich auch schwäbischen, aber ganz linksrheinischen Habsburger immer mehr auch

Abb. 51. Aus den Marmortafeln am Innsbrucker Denkmal: Empfang der Tochter Margareta. (Nach einer Photographie von Fritz Gratl in Innsbruck.)

im Breisgau und in der Ortenau, auf dem Schwarzwald und der Baar, sowie im heutigen Württemberg mit die bedeutendsten Territorial- und Grundherren wurden. Daher waren sie als Nachbar, Freund oder Widerpart aufs engste verflochten in die Kleinpolitik all der schwäbischen Grafen- und Herrenfamilien, von denen besonders die von Wirtemberg ansehnlich waren, indem sie ebenso wie die von Teck, von Helfenstein und manche andere die oberhauptlose Zeit des Interregnums eifrig ausgenützt hatten, Reichs- und Staufergut in ihre Hand zu bringen. Daß die Reichsgewalt nach einer schon älteren, specifisch habsburgischen Erfindung Landvogteibezirke einrichtete, mit denen der Kaiser einzelne schwäbische Große belehnte, vermochte den dauernden Fortfall des Herzogtums entfernt nicht wett zu machen. Schwaben blieb ein Konglomerat von neben- und durcheinander gelegenen Grafschaften, Bistumsgebieten, Abteien, freiherrlichen Gebieten, Herrschaften, Ordenskommenden, Reichsstädten und sonstigen kleinen Einheiten bis herab zu den Besitzungen vieler der Ritter und Ministerialen, die durch den Untergang der Staufer, welche als Kaiser oder als Herzöge des Landes ihre Dienstherren gewesen, nun ebenfalls selbständig geworden waren und auf den Burgen und Gütern, die sie einst als reisige Dienstmannen vom Reiche oder vom Herzogtum zu Lehen empfangen hatten, jetzt gleich kleinen reichsfreien Herren saßen. Es war natürlich, daß es unter solchen Umständen nie zur Ruhe in dem von so vielen, nahezu sich selbst überlassenen Selbständigkeiten eng besetzten Lande kam, daß Besitzverschiebung durch Fehde und alle anderen möglichen Arten von Erwerb und Verlust fortwährend die davon Betroffenen selbst und ihre Nachbarn in Atem hielt, und daß trotz des ewigen Landfriedens, der 1235 so feierlich verkündet worden war, vor allen anderen Territorien Schwaben das Land des ewigen Landunfriedens war. Zwar bildete sich allmählich die staatsrechtliche Fiktion aus, daß der Kaiser außer der allgemeinen Befugnis im Reiche solche noch in besonderer und näherer Weise über das herzoglose Schwaben ausübe, indessen ohne daß dadurch eine bessere Friedenswahrung hätte gewonnen werden können. So blieben denn die einzelnen auf die Selbsthilfe angewiesen, deren wesentlichstes Mittel ja zu allen Zeiten die Bildung von Genossenschaften gewesen ist. Aber auch nach deren Ausbildung stand bald wieder Bund gegen Bund, und die Fehden waren wohl seltener geworden, aber nur, weil sie jetzt sogleich weit umfänglicher und gefährlicher waren; der Unfriede hatte blos größere Formen angenommen. Jedermann kennt aus Uhlands Balladen und ihren sagendurchwobenen Erzählungen die wichtigsten jener Bünde von Herren und Städten und die Erbitterung ihrer Kämpfe. Im Grunde nichts anderes als diese Herren-, Städte- und Rittergesellschaften war auch

Abb. 52. Denkmünze auf die Vermählung Philiberts von Savoyen und Margaretens, der Tochter Maximilians. Nach einem Exemplar im Königl. Münzkabinett zu Berlin.

der Bund der Eidgenossen in den Alpenthälern des südlichsten Schwaben, der überdies die älteste dieser Vereinigungen und diejenige ist, die zu einer dauernden politischen Schöpfung geführt hat. Im Jahre 1291 als Einung der Gemeinden von Uri, Schwyz und Unterwalden gegen Übergriffe unter König Albrecht I. geschlossen, hat die Eidgenossenschaft gegen die Mitte des XIV. Jahrhunderts die erste größere Ausbreitung aus den Bergthälern heraus gefunden und sich dann wieder im XV. Jahrhundert bedeutend ausgedehnt. Dabei griff sie schon über die alamannische Grenze an der Reuß, wohin die Landesgrenze im X. Jahrhundert von der Aare zurückverlegt worden war, in das transjuranische Burgund, die heutige westliche Schweiz, hinüber. Auch die Vereinigung der „Eidgenossen" und der „Bündner", der Mitglieder des „Grauen Bundes" im rhätisch-alamannischen Osten konnte nur noch eine Frage der Zeit sein und hat sich im Jahre 1498 gegenüber Maximilian wirklich vollzogen.

Abwehr gegen Haus Habsburg, den Erben des linksrheinischen Zähringer- und des Kyburgergutes und größten Territorialherrn im Gebiete der jetzigen Schweiz, hat von jeher und schließlich bis zum Wiener Kongreß die Entwickelung und Geschichte der Eidgenossenschaft bestimmt, wie denn auch ihr Kampf gegen Karl den Kühnen unmittelbar durch dessen bedrohliches Bündnis mit dem Herzog Siegmund von Tirol herbeigeführt worden war.

Nun war es ein wichtiges Ereignis, daß der Kaiser auf diese in ganz Schwaben so lebhafte Neigung zur Bündnisbildung Einfluß erlangte. Wer der geistige Urheber davon war und wie es gelang, ist eine Frage, die neuerdings mit ausreichender Bestimmtheit beantwortet worden ist.

Wir nannten schon früher den einsichtsvollen und weitblickenden Rat des Kaisers, Grafen Hug oder Hugo von Werdenberg. Er gehörte selber einem der ältesten und bedeutendsten reichsunmittelbaren schwäbischen Geschlechter an, das urverwandt mit den

Abb. 53. Maximilian.
Dem Bernhard Strigel zugeschriebenes Aquarell in der Königl. Universitätsbibliothek zu Erlangen.

Pfalzgrafen von Tübingen war und auch den Namen von Montfort führte, übrigens nicht etwa infolge jämmerlicher Französierung eines deutschen Namens — denn so waren unsere damaligen deutschen Vorfahren nicht —, sondern nach ihrer im rhätoromanischen Gebiete gelegenen Burg, deren Name mit allen Konsonanten ausgesprochen wird. Die Montfort-Werdenberg waren vornehmlich in der Bregenzer und Sankt Galler Gegend sowie rheinaufwärts nach Chur zu begütert, doch auch nördlich vom Bodensee, wo ihre Burg Heiligenberg durch Fernblick auf Bodensee und Alpen und durch ihre (allerdings jüngere, der späteren Renaissance angehörige) Architektur eines der berühmtesten und schönsten Schlösser Deutschlands auch in der Gegenwart bildet. Hugo von Werdenberg, des Kaisers Rat, gehörte zugleich als schwäbischer Reichsstand und als Mitglied und Hauptmann des adeligen Bundes vom St. Georgs-Schild zu den angesehensten Männern im Lande. Er nun ist es gewesen, der des Kaisers Vorteil mit dem der schwäbischen Stände und ein wenig auch mit dem des eigenen Hauses in enge Beziehung gesetzt hat.

Auf dem Frankfurter Reichstage, der Maximilian wählte, war am 17. März 1486 auch wieder einmal ein zehnjähriger Landfriede im Reiche verkündet worden. Unter Berufung auf diesen und zu näheren Festsetzungen lud Friedrich III. auf den 26. Juli 1487 die Prälaten, Grafen, Herren, Städte und Ritter von Schwaben als seine unmittelbaren und besonderen Unterworfenen nach Eßlingen ein. Was diesen Verhandlungen und Graf Hugos Thätigkeit von vornherein Fortgang verbürgte, war der Umstand, daß des Kaisers Hauptwidersacher, die Wittelsbacher in Bayern — die gerade die Reichsstadt Regensburg einverleibt hatten 1486, ganz als ob man wieder wie vor zwei Jahrhunderten im kaiserlosen Interregnum lebe — schon die Selbständigkeit schwäbischer Stände bedrohten und besonders der Führerin der schwäbischen Städte, Ulm, schwere Sorgen bereiteten. So wurde denn zu Eßlingen und später zu Ulm und Reutlingen mit allem Eifer und gutem schwäbischem Verstande über die Sache verhandelt. Das Ergebnis erwies sich als eine praktische Weiterbildung von Vorhandenem und schon Eingelebtem: der adelige St. Georgs-Schild im Hegau und am Bodensee wurde durch den Hinzutritt der Städte erweitert, ein Bundesrat und Bundesgericht gebildet, die Aufbringung eines Bundesheeres von 12 000 Fußknechten und 1200 Reisigen verteilt, und das rote Kreuz in Weiß, die Fahne St. Georgs, nun zum allgemeinen Abzeichen auch des weiteren Bundes erklärt. Dem Kaiser war eine maßgebliche Einwirkung eingeräumt, und der Beitritt der Fürsten und größeren Reichsstände vorbehalten. Herzog Siegmund als Herr von Vorderösterreich und Graf Eberhard von

Altarbild, im Hintergrunde Innsbruck.
Geb. Scherl im Tiroler Landesmuseum Ferdinandeum zu Innsbruck.

Abb. 55. Innsbruck vom Inn aus. Zeichnung von Albrecht Dürer in der k. u. k. Gemäldegalerie zu Wien.
(Nach einer Originalphotographie von Braun, Clément & Cie. in Dornach i. E. und Paris.)

Württemberg konnten sich in der That der Anmeldung nicht entziehen, und der 14. Februar 1488, wo diese beiden mächtigsten Territorialherren innerhalb Schwabens aufgenommen wurden, gilt als der eigentliche Stiftungstag des Bundes, dessen Gründungsurkunde am 10. März desselben Jahres ratifiziert ward.

Nicht alle traten bei. Vor allem die Eidgenossen, obwohl schwäbische Stände, nicht, und man kann es ihnen nicht verdenken, wenn sie kein Werkzeug für ihre alten Bedränger werden wollten. Auch die Stadt Rottweil, die sich zur Eidgenossenschaft hielt, gab kein Gehör. Aber, so sehr die Gründung des Schwäbischen Bundes zur Erweiterung der Kluft zwischen den Eidgenossen und ihren nördlicheren schwäbischen Stammesbrüdern beigetragen haben mag, der Bund hat doch auch wiederum der begonnenen, durch jenes Beispiel Rottweils gezeigten Abbröckelung einzelner Stände vom Reichsgedanken zur Eidgenossenschaft und zu deren kaum mehr zu bessernder Reichsgleichgültigkeit hinüber Einhalt gethan. Überhaupt wurde er weithin in Süddeutschland als eine wichtige politische Errungenschaft empfunden. Fürsten außerhalb Schwabens traten bei, die Markgrafen von Ansbach und Baireuth, getreu der unwandelbar reichischen Haltung ihres Vaters, des Kurfürsten Albrecht Achilles von Brandenburg, der auf dem Frankfurter Reichstage von 1486 gestorben war, wohin er trotz Krankheit und Alterslast noch eilte, um Maximilian, die Hoffnung des Reiches, zu wählen und vor ihm im Erzamt das Scepter zu tragen; ferner Kurfürst Bertold von Mainz und der nur teilweise über schwäbisches Gebiet regierende, wesentlich fränkische Markgraf Christoph von Baden. Der alte Kaiser und Maximilian sahen eine machtvolle Waffe in ihrer Hand gegen das rivalisierende Haus, denn den Wittelsbachern sowohl in Kurpfalz wie in Bayern waren nun ihre Nachbarn zu Hütern des kaiserlichen Interesses gesetzt. Hier war einmal ein Erfolg, der nicht durch das Harren und Sichducken Friedrichs III. der Zeit abgewonnen war, sondern von den Seinen und für ihn unmittelbar errungen.

Aber gleich darauf sahen die Kräfte, die einander in diesen hoffnungsfrohen Jahren die Hand gereicht hatten, alles wieder ins Stocken geraten. Als man Maximilian wählte, hatte man dadurch auch burgundische

Hefe in den auf jeden Fall unvermeidlichen Ungarnkrieg zu gewinnen und das Reich zu entlasten gemeint. Statt dessen erfuhr man jetzt in schonungsloser Deutlichkeit, warum daraus nie etwas werden konnte, sah, wie abhängig überhaupt Maximilian mit seinen Burgundern stand und daß vielmehr ihm das Reich gegen sie helfen müsse. Bald nach der Wahl war er dem Auge der Deutschen unverhofft wieder entschwunden, und jetzt scholl durchs Reich, er liege zu Brügge in Gefangenschaft seiner Bürger.

Das durch die Wahl Maximilians schwer gereizte Frankreich hatte den Krieg wieder heftiger entfacht und im August 1487 einen

Abb. 57. Matthias Corvinus, König von Ungarn.
Relief im k. u. k. kunsthistorischen Hofmuseum zu Wien.

völligen Sieg bei Béthune erfochten. Die Landsknechte, die Maximilian aus zusammengelaufenem deutschem und schweizerischem Kriegsvolk nach Burgund geführt und auf diesem Versuchsfelde — es wird davon noch zu reden sein — systematisch als neue Truppe zu geordneter und umfänglicher Verwendung auszubilden gesucht hatte, waren geschlagen worden, und alsbald erhob sich überall im Lande die helle Wut gegen diese sieglosen und ungebärdigen Fremden. Die Flamen hatten ohnedies einen besonderen Anlaß. Damals begann England mit der Tuchweberei Flanderns zu konkurrieren, und die Handelsverträge Maximilians mit König Heinrich VII. erschlossen den englischen Er-

4*

zeugnissen die niederländischen Häfen, so daß sich in den brabantischen Seestädten, wo keine einheimische Fabrikation Schaden litt, ein lebhafter Handelsverkehr mit englischem Tuch entwickelte und somit, anstatt eines, sogar zwei mit Flandern in Wettbewerb stehende wirtschaftliche Gegner blühenden Vorteil hatten. Diese Sachlage erspähte die Regierung Karls VIII. und sprach Maximilian überhaupt des französischen Lehens der Grafschaft Flandern verlustig, die Flamen sich unter den 52 Bannern der Gilden und zog, sogar mit ihren 50 Kanonen, vor die herzogliche Pfalz, den heute fast verschwundenen Fürstenhof, wo Maximilian mit Maria gewohnt, wo sie den Landesherrn, Philipp, geboren hatte, und wo nun der verwitwete Regent sich aufhielt. Und hinterdrein hinter der immerhin noch bedächtigeren Bürgerschaft der Gilden drängte johlender Pöbel, der aus den schlimmsten Absichten rohe Späße machte. Mit Mühe behielten

Abb. 58. Aus den Reliefs am Innsbrucker Denkmal: Erstürmung von Stuhlweißenburg.
(Nach einer Photographie von Fritz Gratl in Innsbruck.)

jeder Rücksicht auf ihn entbindend. Trotz alledem war Maximilian so unvorsichtig oder richtiger keck — es verhieß ihm ja eine Art Abenteuer —, aus dem sicheren Brabant fort nach Brügge zu gehen. Ja, als nun die Genter sich in offenem Aufstand erhoben und unter dem Vorgeben, sich gegen die Landsknechte zu schützen, die herzoglichen Schlösser einnahmen, sandte er noch sein kleines bewaffnetes Gefolge fort gegen Gent und blieb allein zurück.

Tags darauf riegelte die Bürgerschaft von Brügge ihre Thore zu, versammelte jene die Oberhand und retteten, während die Pfalz geplündert ward, den wehrlosen König in das steinerne Haus eines Gewürzkaufmanns, wo sie ihn durch 400 Mann zugleich bewachten und verteidigten.

Er selber verlor seine Würde nicht und sprach so königlich zu den Führern, daß sie begriffen, kein leichtes Werk auf sich genommen zu haben. Aber frei kam er darum nicht, sondern es begannen für ihn äußerst peinliche Wochen. Immer mehr gewann der Aufruhr Oberhand, seine Räte wurden auf offenem Markt dem Volke zur

Bildnis der Bianca Maria Sforza, zweiten Gemahlin Maximilians. Ölgemälde von A. de Predis
in der k. u. k. Gemäldegalerie in Wien.
Nach einer Originalphotographie von J. Löwy in Wien.

Lust gefoltert, solche Bürger, die einzelne schützen wollten, gemartert und enthauptet, der König selber lebte in Kränkung und Bedrohung und aß seine Speise nur unter steter Giftbesorgnis. Der Einlaß der wilden Genter in Brügge konnte den völligen Sieg der Volkstyrannei bezeichnen.

Inzwischen geschah doch mancherlei zur Lösung des Gefangenen. Es ist bald danach erzählt worden, allerdings bedenklichanklingend an bekannte Muster, Maximilians Narr, Kunz von der Rosen (Abb. 49), sei bei seinen verschiedenen Versuchen, den König auf eigene Hand zu befreien, einmal als Beichtiger glücklich zu ihm gelangt, Maximilian aber habe abgelehnt, den treuen Mann den Wächtern zurückzulassen und in dessen Verkleidung davonzuschleichen. Jedenfalls drängten verschiedene Obrigkeiten, sowohl aus den Niederlanden selber, wie auch der Papst durch den Erzbischof von Köln, die Brügger zu einer Verständigung. Der Kaiser rief das Reich und fand auch viel guten Willen, am wenigsten bei den Kurfürsten, welche glaubten, mit jenen Rebellen in gütlicher Freundschaftlichkeit paktieren zu können, am meisten in den Städten, die die Schmach am deutlichsten empfanden und damit zeigten, welcher Stand damals am tüchtigsten Herz und Kraft der Deutschen vertrat. Es war doch ein Heer, wie lange keines zusammengekommen war, das sich in Köln sammelte und rasch vordrang.

So fand Maximilian bei seinen Verhandlungen plötzlich ein beschleunigtes Entgegenkommen. Am 16. Mai kam er los und schwor Urfehde, alles getreulich zu halten und nichts nachzutragen.

Er versprach Entlassung seiner Truppen aus den Niederlanden binnen wenig Tagen,

Abb. 59. Aus dem Gebetbuch der Bianca Maria Sforza.
Original im k. u. k. Hofmuseum zu Wien.

Verzicht für Flandern auf die Vormundschaft über Philipp, Zugeständnis einer jährlich zusammentretenden, „im Namen" Philipps autonom verfügenden Regierungsversammlung der niederländischen Staaten und Friedensverhandlungen mit Frankreich. Er vergab alles, verpflichtete sich, Kaiser, Kurfürsten und Papst zur Anerkennung dieses Abkommens zu bewegen, und nahm eine Belohnung, Entschädigung, oder wie man so etwas bezeichnen will, von jährlich 1000 Pfund Groschen an. Dann eilte er dem Vater entgegen und traf am 24. Mai mit ihm und dem deutschen Heere bei Löwen zusammen.

Der Alte nahm kein Tischmesser und zerschnitt das Tafeltuch zwischen sich und dem durch Eid zum Frieden genötigten Sohne, sondern schloß ihn in die Arme und überlegte, wie man es nun zu machen habe. Es ist wohl nicht zu bezweifeln, daß Maximilian zunächst um Achtung seines Eides gebeten hat. Aber als dann die Herren im Rat entschieden, Brügge habe wider Treue und Recht gehandelt und einen nichtigen Eid erzwungen, da ließ auch er es gut sein. Er blieb sogar noch eine Weile beim Heere, dessen Führung gegen die Aufständischen dem Herzog Albrecht von Sachsen übertragen wurde.

Diesem überließ man bald danach, den Krieg aus eigenen Mitteln weiterzuführen, sozusagen als Unternehmer, was ja im kleineren und größeren Maßstab damals vielfach geschah und im italienischen Condottierenwesen zu einer typischen Form gelangt war. Albrecht ist derjenige Wettiner, den einst als Knaben nebst seinem älteren Bruder Ernst Kunz von Kauffungen aus dem ragenden Schlosse zu Altenburg entführt hatte, und so auch derselbe, welcher der von ihm begründeten jüngeren sächsischen Linie seinen Namen als der albertinischen hinterlassen hat. Seinem Herrn so zu dienen, daß man 1000 Jahre davon schreiben solle, das war die Meinung dieses wackeren Fürsten im Reich. So begann er die Fortführung des Krieges auf eigene Faust. Von 1489 an erfocht er, obwohl sich alle Furien des Kampfes in den Niederlanden noch einmal erhoben, überlegene Erfolge. Daraufhin kam schon in diesem Jahre ein Friede zu Frankfurt zwischen Maximilian und Frankreich, durch das sich der Krieg entzündet hatte, zustande und bald auch zwischen Maximilian und Flandern, da für die Flamen die Besorgnis nicht fern lag, ihre Häfen könnten am Ende bei fortdauerndem Kriegszustand ein Spielball französischer und englischer Gelüste werden. Der römische König erhielt die Vormundschaft über Philipp zurück; Gent, Brügge, Ypern thaten durch ihre städtischen Obrigkeiten kniend im härenen Gewande Abbitte und zahlten 300 000 Liliengulden. Im übrigen ging der Kampf mit den Niederländern weiter und brachte im Verein mit deren Bürgerkriegen untereinander, mit Kaperei, Mißwachs und ungeschickten Finanzmaßnahmen ein entsetzliches Elend. Das Landvolk in Nordholland erhob sich als neue Partei, scharte sich um eine Fahne mit Käse und Brot, den Symbolen ihres Wünschens

Abb. 60. Statue aus der Hofkirche zu Innsbruck: Bianca Maria Sforza.
Nach einer Photographie von Fritz Gratl in Innsbruck.

Abb. 61. Maximilian und Bianca Maria Sforza. Denkmünze auf ihre Vermählung.

und Entbehrens, und griff nach eigener Politik in die bunten Kämpfe der Hoeks und Kabeljaus, des niederländischen Führers Philipp von Kleve und Albrechts von Sachsen ein.

1492 flatterten die Banner all dieser verschiedenen Truppen und Parteihaufen zum letztenmal im Felde, Albrecht hatte endgültig gesiegt und konnte Maximilian das Land bis auf die letzte Festung übergeben. Philipp von Kleve, einst ein wichtiger und tapferer Streiter für Maximilian, dann sein Bürge für die Urfehde, die er 1488 den Vlamen schwor, und, seit der König diese brach und ihn verriet, sein rechtschaffenster Feind, hatte bis zuletzt die Seefeste Sluis an der Scheldemündung gegen Albrecht und die diesen unterstützenden englischen Kriegsschiffe gehalten; er ging in französische Dienste. So ist denn 1492, das Jahr, da der Genuese Cristoforo Colombo einen

Abb. 62. Grabmal des Ludovico Sforza und der Beatrice von Este.
Von Andrea Solari, in der Certosa bei Pavia.
(Nach einer Photographie von Gebrüder Alinari in Florenz.)

neuen Erdteil für die Königin von Castilien und das Zukunftserbe Habsburgs entdeckt, zugleich dasjenige geworden, wo dieses endlich in den sicheren Besitz der Niederlande trat. Albrecht erlangte erst nach Jahren einen gewissen Kostenersatz und dann 1498 eine weitere Belohnung oder vielmehr Aufgabe, durch seine Einsetzung zum kaiserlichen Statthalter von Friesland. Er hat als solcher dem trotzigsten und unbekümmertsten Volke der deutschen Geschichte, welches den alten Grafen von Holland wie den Herzogen von Burgund unbeugsam durch Jahrhunderte widerstanden hatte, den Fuß auf den unbesiegten Nacken gesetzt und seine germanisch-altertümliche Volksfreiheit gebrochen.

Der Friede mit Frankreich sollte nicht lange währen. Im Jahre 1491 begann der bisher unter Vormundschaft stehende Karl VIII. (Abb. 50) sein eigener Herr zu sein und begehrliche Blicke auf die Bretagne und die Hand ihrer Herrin, der Herzogin Anna, zu richten. Daß er selbst mit Maximilians Tochter Margarete verlobt und daß Anna sogar vermählt war und zwar mit Maximilian, beirrte ihn nicht. Zur Erklärung dieser Verhältnisse greifen wir etwas zurück.

So reich die vollen Ernten der habsburgischen Heiratspolitik erscheinen mögen, so stellen sie trotzdem nur einen aufgegangenen Bruchteil ausgestreuter Saat dar. Alles herzuzählen, würde zu weit führen. Im Jahre 1488 sandte der Witwer Marias von Burgund zu den „katholischen Königen" von Spanien, Isabella von Castilien und Ferdinand von Aragonien, die seit 1469 vermählt waren und dadurch ihre Reiche in eine engere Verbindung gebracht hatten. Er warb um zwei ihrer Töchter, für sich um die 18jährige Isabella, für seinen Sohn Philipp, der also sein Schwager werden sollte, um die neunjährige Juana oder Johanna. Man wies ihn ab. Danach stellte er seine Hoffnung auf die Bretagne, deren letzter Herzog Franz II. sein Verbündeter in seiner niederländischen und antifranzösischen Politik gewesen war. Das spätere XV. Jahrhundert bedeutet für Frankreich die Zeit des Aussterbens der großen, der Krone aufsässigen oder von ihr fast unabhängigen Herzogtümer: Provence und Anjou waren durch König Renés Tod und Vermächtnis 1480 heimgefallen, kurz vorher Burgund (im engeren Sinne) durch Karls des Kühnen Tod, jetzt war auch in der Bretagne nur noch eine Erbin übrig. Ihr also trug Maximilian (1490) seine Hand an, und sie ward angenommen. Dem Verspruch folgte alsbald die Vermählung durch Stellvertretung, Anna betrachtete sich als Maxi-

Abb. 63. Grabmal des Ludovico Sforza und der Beatrice von Este. Von Andrea Solari, in der Certosa bei Pavia. (Nach einer Photographie von Gebr. Alinari in Florenz.)

Abb. 64. Die Muttergottes inmitten von Heiligen mit der Familie Sforza.
(Gemälde von Bernardo Zenale in der Pinakothek zu Mailand.)

milians Frau und nannte sich Königin der Römer. (Abb. 48.)

Nun begann Karl sie zu betriegen und zugleich warb er eifrig um sie. Die Franzosen hatten zahlreiche Parteigänger und erkaufte Helfer im Lande und waren bald überall die Herren; Anna blieb nur ihre Stadt Rennes. Sie war ein mutiges junges Weib, fast noch Kind, und Maximilian, der ihr so anziehend geschildert worden, war ihr von Herzen lieber, als der ungestalte und unliebenswürdige Karl von Frankreich. Sie wartete treu in ihrer Not und spähte unablässig, gerade wie einst die burgundische Maria, nach ihrem Ritter aus. Sie wollte, da gar nichts mehr übrigblieb, die Deiche durchstechen lassen und das Meer rufen, damit es ihr die Franzosen vertreibe. Aber da erlebte sie auch das Leid, daß ihr niemand mehr gehorchte. Ihre Räte, Feldhauptleute, Hofbeamten, alles war von Frankreich gewonnen. Und von Maximilian kam keinerlei Nachricht. Da gab sie unter dem Druck ihrer eigenen Stände endlich nach

## Vermählung Karls VIII. mit Anna von Bretagne.

Abb. 65. Tod Friedrichs III. Aus dem Weißkunig.

und schloß am 15. November 1491 einen Vertrag, der an Karl die Bretagne vorläufig überließ, bis über diese schiedsrichterlich gesprochen sein würde, und ihr selber freies Geleit durch Frankreich nach Deutschland gewährleistete. Sie konnte sich nichts anderes denken, als daß sie sich zu ihrem Gemahl zu flüchten habe. Dann aber — und wir atmen fast auf für sie — ließ sie sich ihr Vertrauen doch ausreden und sagte Karl zu, der die nötigen Dispense und Ungültigkeitserklärungen des gefälligen Papstes Innocenz VIII. längst bei sich führte. So konnte seine Vermählung mit der Angetrauten Maximilians am 5. Dezember 1491 auf Schloß Langeais in der Touraine erfolgen, die Bretagne ging ehekontraktlich an Annas Gemahl über, und sie ward in Saint Dénis als Königin von Frankreich gekrönt.

An jenem Hochzeitstage ging im entlaubten Schloßgarten von Amboise eine andere in trüben Gedanken und ratlos umher:
die Braut des Königs, Margarete von Österreich. Und nicht einmal frei wollte Karl sie geben: weil ja Artois und die Freigrafschaft ihr Heiratsgut waren, hielt er sie fest und erwog den ehrlosen Plan, sie an einen Strohmann zu verheiraten, der dann jene Mitgiftländer an die Krone von Frankreich übertragen sollte.

Für Maximilian in seiner doppelten Schmach erhoben sich wohl Stimme und zorniges Lied des Volkes, die oberen bestimmenden Kreise blieben kühl. So war er für den Krieg, den er schon um der Rettung jener Länder willen unumgänglich zu führen hatte, wesentlich auf die Bundesgenossenschaft der beiden natürlichsten Gegner Frankreichs, auf England und Spanien angewiesen. Aber Karl VIII. wußte sie von ihm zu trennen, gewann beide nach bestherkömmlicher Art, England durch Geld, Spanien durch Versprechungen, und schloß mit jedem einen Sonderfrieden. Maximilian, allein gelassen, konnte es noch als unverhofften Erfolg betrachten, wenn der Friede von Senlis vom 23. Mai 1493 ihm außer seiner Tochter die Freigrafschaft und Artois herausgab. Karl hatte seit Jahresfrist einen Plan gefaßt, der ihn mächtiger lockte und wegen dessen er frei sein wollte: als Erbe der Ansprüche des älteren René nach Neapel zu ziehen, wovon dieser König geheißen hatte, und die dortigen Aragonesen, die den Troubadourkönig um seine Herrschaft gebracht hatten, als Rächer zu vertreiben. Die oft dargestellte Scene, wie Maximilian seiner aus Frankreich zurückkehrenden, zur Jungfrau erwachsenen Tochter begegnet, die er vor elf Jahren zuletzt gesehen hatte, beruht auf einer künstlerischen Freiheit, die er seinem Holzschneider-Biographen gab und die man auch bei späteren Darstellungen beibehalten hat (Abb. 51). In Wirklichkeit ging Maximilian nach Österreich, während Margarete unter anständigem Geleit in die Niederlande abgeholt wurde. Was Margarete aus diesen in der französischen Fremde verlebten Kinderjahren heimbrachte, ist die vortreffliche Erziehung und Bildung, die man dort der Königsbraut gab und die sich in ihr in jeder Weise tüchtig weiter entwickelte.

Sie ist später, nach zwei außerordentlich kurzen Ehen, beim Tode ihres Bruders Philipp des Schönen Statthalterin der Niederlande und überhaupt ihres Vaters und ihres Neffen Karls V. treue Helferin geworden.

Jede Kläglichkeit hat schließlich ihre Erklärung. So denn auch Maximilians schnöde und kaum ehrenvolle Unthätigkeit in der Bedrängnis Annas von Bretagne. Sie liegt in den Angelegenheiten des südöstlichen Deutschland.

Hier hatten der Kaiser und sein Sohn zunächst wieder Erfolge erzielt. Der Herzog Siegmund von Tirol und Vorderösterreich war, wie erwähnt, dem Schwäbischen Bunde beigetreten, aus eigenem Nutzen, aber es war doch eine Annäherung. Darauf hin besuchte im Winter 1489/90 Maximilian den Oheim, und trotz der immer noch sehr mächtigen bayerischen Einflüsse am Innsbrucker Hofe erwachte in dem gutherzigen alten Herrn die natürliche verwandtschaftliche Zuneigung zu dem blühenden und liebenswürdigen königlichen Verwandten; Maximilian vermochte ihn so weit zu bringen, daß der überhaupt Regierungsmüde ihm am 16. März 1490 die Herrschaft

Abb. 66. Grab Friedrichs III. im Stephansdom zu Wien.
(Verlag von L. T. Neumann in Wien.)

seiner Lande bei Lebzeiten abtrat. Da auch Friedrichs Eifersucht auf den Sohn diesmal keine Schwierigkeiten dazwischen warf, ward letzterer jetzt zum erstenmal ein wirklicher, eigenes Recht verwaltender Landesherr. Dieser Umstand, daß Tirol das erste war, was er frei für sich selbst und ohne Kränkungen zu regieren bekam, hat das Land seinem Herzen zeitlebens am nächsten gestellt, wenn auch außerdem die herrliche Natur, die kühnen Freuden der Gebirgsjagd und die treue, zugleich kernhafte und grundliebenswürdige Art seiner Bewohner nicht wenig dazu beigetragen haben mögen, daß sich zwischen Maximilian und seinem geliebten Tirol ein solches Verhältnis gebildet hat. (Abb. 55.) Nur einmal ist in dieses ein Schatten gefallen, leider gerade in den letzten Lebenstagen des Kaisers, im übrigen durch Umstände, die er sich selber zuschreiben mußte. — Das Jahr 1490 brachte noch einen Erwerb: der letzte der Grafen von Görz erkannte auf Grund älterer Erbverträge Maximilian als Nachfolger an. Damit wurde dieser der zukünftige Herr in den friaulischen Gegenden nach Triest zu, was nicht zum wenigsten seine auf venezianisches Landgebiet gerichteten späteren Pläne mitbestimmt hat.

Da starb am 6. April 1490 König Matthias Corvinus von Ungarn (Abb. 57) in dem von ihm eroberten Wien. Lange Zeit war darauf geharrt worden; jetzt, da Maximilian gerade seine Brautwerber an Anna von Bretagne gesandt hatte und alle Kraft nötig gehabt hätte, um Frankreich zu beschäftigen, kam es so ungelegen wie denkbar. Ein Vertrag von 1463 sicherte Habsburg die ungarische Thronfolge zu, wenn Matthias ohne legitime männliche Nachkommen sterben sollte, und er hinterließ nur einen unehelichen Sohn Johann. Mehr als mit diesem, der aus dem Spiele blieb, schien der habsburgische Anspruch auf die Nachfolge eine Weile mit der Königswitwe Beatrix (Abb. 56) rechnen zu müssen. Sie war eine Tochter König Ferrantes von Neapel, eine Frau von raschem, aragonisch-italienischem Temperament, die erstlich nicht Witwe und außerdem um jeden Preis Königin bleiben wollte, und die den einfachsten Weg darin fand, wenn sie Maximilian ehelichte. Sie, die ihn noch vor kurzem mit ihrer Schwester hatte verheiraten wollen, war so erregt von ihrem Plan und der Aussicht, Kaiserin zu werden, daß sie wie ein eigensinniges Kind sich selbst zum Trotz erklärte, wenn es nichts damit würde, wollte sie ins Kloster gehen. Aber

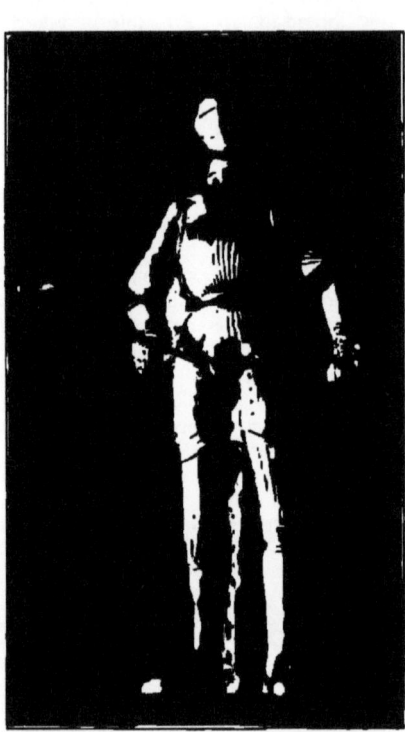

Abb. 67. Rüstung Maximilians in der Erbach- und Wartenberg-Rotdischen Sammlung im Schloß zu Erbach.
(Nach einer Photographie von A. C. Holzhäuser zu Michelstadt im Odenwald.)

Maximilian gedachte König von Ungarn zu werden und die Bretagne durch Anna dazu zu gewinnen; er erwiderte die offenherzigen Briefe der Beatrix mit der wenig ermutigenden Anrede an seine „freundwillige Base und Schwester". Gleichzeitig aber trat nun ein Kronbewerber auf den Plan, der der ganzen Sachlage eine andere Wendung gab. Das war der polnische Jagellone Wladislaw, König von Böhmen,

dessen Mutter eine Tochter Kaiser Albrechts II.
gewesen war, welcher ja außer der deutschen
die Kronen von Böhmen und Ungarn getragen hatte. Er hatte viel Anhang in
Ungarn, erhob Erbanspruch und zog mit
Heeresmacht heran. Also that rasches
Handeln not. Hier bewährte der Schwäbische Bund jegliche Erwartung, er bewilligte
tüchtige Hilfe und die Tiroler Stände ihrem
neuen Landesherrn desgleichen. Nach rascher
Truppenwerbung drang Maximilian siegreich
östlicher Richtung nach Ungarn hinein, mit
lauter Erfolg, und ein König, vor dem ein
solcher Ruf der Ritterlichkeit herging und
der so tapfer kam, fand auch bei den
lebhaften Magyaren die rasche Zuwendung
vieler Herzen. Am 17. November war
Stuhlweißenburg, die ungarische Krönungs-
stadt, erobert (Abb. 58). Aber dann kam der
Feldzug ins Stocken, und der Sieg blieb
unausgenützt. Wie immer bei Maximilian,
wenn er es in Glück oder Unglück am

Abb. 68. Aus den Reliefs am Innsbrucker Denkmal:
Übergabe Mailands durch die das Herzogtum als Reichsfahnenlehen verkörpernde Fahnenlanze an Ludovico Moro.
Nach einer Photographie von Fritz Groll in Innsbruck.

vor und konnte am 19. August 1490 in
Wien, der alten Habsburgerresidenz, ein-
ziehen, die, von langer Fremdherrschaft er-
löst, dem König jubelnd huldigte.
Von ihrem eigentlichen Herrn, Kaiser Friedrich,
wollte sie freilich nichts wissen, der gleich-
mütig gesagt hatte: man habe in Österreich
die Mißhandlungen durch Matthias gar wohl
verdient. Darum bezog sich die Huldigung aus-
drücklich auf Maximilian, und es hieß nur,
Kaiserliche Majestät sei darinnen eingeschlossen.
Von Wien aus ging es im Herbst in süd-
meisten gebraucht hätte, fehlte das Geld:
die Landsknechte, um ihren Sold und Un-
terhalt benötet, meuterten immer häufiger,
und überdies stand Wladislaw nicht weit
von Wien. Dazu bedrohten Karls VIII.
Pläne auf die Bretagne Maximilian, und
der Kaiser rührte für diesen keine Hand.
Er sagte wieder einmal bloß: mit der Zeit
lohne oder räche sich alles. So mußte
Maximilian Verhandlungen anknüpfen, die
sich sehr lange hinzogen, während unter-
dessen die Verbindung zwischen dem böhmischen

Abb. 69. Aus Dürers Ehrenpforte: Die Belehnung Ludovico Moros mit Mailand.

Könige und dem ungarischen Adel immer enger wurde. Schließlich kam es zu Preßburg am 7. November 1491 zum endgültigen Frieden. Wladislaw, der anstatt Maximilians die Königswitwe Beatrix mit seiner Hand beglückte (aber bald verstieß), ward erblicher König von Ungarn, beim Aussterben seiner ehelichen Manneslinie sollten Maximilian und seine Nachkommen Erbanspruch haben. Die einzigen realen Entschädigungen für die Aufgabe der unzweifelhaften, durch den Vertrag von 1463 berechtigten Nachfolge Habsburgs in Ungarn waren die Rückgabe Österreichs an seinen rechtmäßigen Herrn und die Zahlung von 100000 ungarischen Goldgulden; dazu der Zukunftswechsel jener höchst unsicheren Erbaussicht.

Also nicht der Ungarnfeldzug selbst fällt mit der Krisis in der Bretagne zusammen, sondern die fast ein Jahr dauernde lahme Friedensverhandlung hinterher. Wegen der Bretagne und Frankreich verlor Maximilian die rechte Energie gegen den Usurpator Wladislaw, und über den unerfüllten ungarischen Hoffnungen versicherte er Anna und ihr Erbe.

## Vermählung mit Bianca Maria Sforza. Tod Friedrichs III.

Abb. 70. Pokal Maximilians.
Original im k. und k. kunsthistorischen Hofmuseum zu Wien.

Die Gemahlin, die Maximilian danach wirklich heimgeführt hat, ist Bianca Maria Sforza, die Schwester des Herzogs Giangaleazzo und Nichte des Regenten Ludovico Sforza von Mailand, den man den Mohr nannte. (Abb. 59–64.) Dieser war der vierte Sohn Francesco Sforzas, welcher 1450 nach dem Aussterben der männlichen Visconti sich aus einem Condottieren zum Herrn und Herzog von Mailand emporgeschwungen hatte. Auch hier war für Maximilian eine, wenn auch sehr unbestimmte, politische Hoffnung leitend: möglicherweise selber einmal in dem blühenden lombardischen Herzogtum der Herr zu werden. Und dann erheiratete er, was für ihn sehr dringlich war, 400 000 Dukaten bare Mitgift. Die Vermählung fand, wieder durch Stellvertretung, im November 1493 in Mailand statt. Bianca kam alsdann, von Markgraf Christoph von Baden und Graf Eitelfritz von Zollern geleitet, im Winter über die Alpen herüber, aber erst im März traf Maximilian, der bei all seiner Schwäche für die Frauen es immer am wenigsten eilig hatte, die ihm angetrauten Gemahlinnen persönlich kennen zu lernen, zu Hall mit ihr zusammen und hielt darauf in Innsbruck mit großer Herrlichkeit nochmalige Hochzeit. (Abb. 60 u. ff.)

Inzwischen hatte am 19. August 1493 der Tod die müden Augen des 78 jährigen Kaisers geschlossen (Abb. 65, 66) und das Reich in die Hände dessen gelegt, der darauf brannte, es zu befehligen und zu allen Plänen seiner bisher auf Notbehelfs angewiesenen politischen Phantasie zu gebrauchen.

Indessen im Reiche war inzwischen allgemeine Abkühlung gegenüber der Person Maximilians eingetreten, und die Kreise, die die „Reichsreform" betrieben, gedachten sie nun sogar in viel weiterem Umfange durchzubringen, als zuvor.

Reichsreform war ein altes Schlagwort des XV. Jahrhunderts, welches überhaupt an Programmen und Reformbroschüren auf weltlichem und kirchlichem Gebiet, an erstrebten Umgestaltungen an Haupt und Gliedern und allen Ecken und Enden reicher als irgend eines ist und sich damit als eine jener bekannten Übergangszeiten ausweist, wo die Not und der Überdruß reif, aber der Mut und die Thatkraft zur Besserung noch immer nicht groß genug gewachsen sind. Zur „Reichsreform" gehörten von älteren Programmpunkten ein wirklicher Landfriede, eine allgemeine direkte Reichssteuer („gemeiner Pfennig") und eine Kreiseinteilung des Reiches. Letztere sollte dessen Zusammensetzung aus ganz ungleichen Territorien, von den großen Kurfürstenstaaten oder den habsburgisch-österreichischen Ländern bis herab zu den Molekulargebilden der Reichsunmittelbarkeit, zwar nicht aufheben, aber für gewisse Zwecke eine systematische Gruppierung darüberlegen. Manche Reichseifrige, wie Kurfürst Albrecht Achilles, forderten auch schon „rechtes Gericht und einmütige Münze". Es waren Pläne, die wieder Leben und strafferes Wesen in den alten unlustigen Reichskörper hineinbringen und mit Hilfe

Abb. 71. Ludwig XII.
Denkmünze aus Lyon von 1499. Revers: Anna von Bretagne, vergl. die Abb. auf S. 42.

Abb. 72. Aus Dürers Ehrenpforte: Maximilian nimmt die Übergabe
eines belagerten französischen Platzes entgegen.

von geordneten Reichsfinanzen auch ein tüchtiges Reichsheerwesen schaffen konnten. So war es nicht unbillig, wenn man durch ein kollegiales „Reichsregiment" von seiten der Fürsten auch die Verwaltung der neuen Reichseinrichtungen zu überwachen und den Herren von Österreich, die die Krone trugen, eine eigennützige Verwendung abzuschneiden gedachte, wobei freilich einzelne Wünsche schon so weit griffen, daß sie endgültig die eigene Herrschaft bei dieser Gelegenheit an die Stelle derjenigen des Reichsoberhauptes zu setzen beabsichtigten und sich durch des Königs bisherige Leistungen dazu allerdings nicht wenig ermuntert erachteten.

Das Haupt der Reformpartei und der sie leitende Geist war der Erzbischof und Kurfürst Bertold von Mainz aus dem Geschlechte der thüringisch-fränkischen Grafen von Henneberg. Er war ein in seinem Kurfürstentume als vortrefflicher Regent bewährter Mann, der seine Pflicht nicht gering erachtete, zugleich des heiligen Römischen Reiches Erzkanzler in Germanien zu sein, und der nicht nur den Sinn, sondern auch das kluge Verständnis und die Schöpferkraft der Gedanken für das besaß, was dem Reiche not that. Wahrlich, dieser gebieterische Erzbischof von Mainz war ein anderer, als einst seine nicht minder mächtigen Vorgänger auf dem Mainzer Stuhle, die um des Reiches Schwäche willen die kleinen Könige gehandhabt und gegeneinander ausgespielt hatten. Wohl standen Bertolds Bestrebungen und Auffassungen einer straffen Einheitsgewalt, einer starken Monarchie an der Spitze des Reiches entgegen, aber wer könnte verkennen, daß mit einer solchen zu rechnen hoffnungslos gewesen wäre? Es soll nicht behauptet werden, Bertold würde zu einem machtvollen, nur des Reiches Ziele verfolgenden Kaiser ohne weiteres in gleicher Hingabe und Treue gestanden haben, wie einst die Christian von Mainz und Reinald von Dassel, von Köln zu Kaiser Friedrich I. dem Staufer; das Wesentliche war, eine solche Zeit war unwiederbringlich verloren, die Reichskrone seit Jahrhunderten ein von ihren Trägern mehr oder minder geschickt gehandhabtes Instrument zur Mehrung der eigenen Hausmacht geworden und das Reich mit seiner Verfassung in die Formen einer gefestigten Oligarchie der bedeutendsten Fürsten hinübergeführt. Diese, weil ihr die Zukunft gehörte, auf das Wohl und den Nutzen des Reiches zu verpflichten, war Bertolds Ziel, welchem Idealität und Größe nicht abzusprechen ist. Wenn er dadurch zugleich diese Oligarchie gegenüber der Krone neu verstärkte und sicherte, so liegt das eben schon in dem damaligen Wesen der letzteren begründet. Gerade diejenige historische und politische Auffassung, die ein starkes monarchisch=einheitliches Regiment stets vorziehen würde, muß sich bei damaliger Sachlage auf andere Entwickelungsgänge resignieren. Österreichs Streben war

Abb. 73. Zeit= und Kostümbild Meister der weiblichen Halbfiguren. Gemälde in der Galerie Harrach zu Wien. (Nach einer Photographie von J. Löwy in Wien.)
Vend, Kaiser Maximilian I.

schon nicht mehr national, und nur noch aus der starken territorialen Stellung anderer Landesfürsten innerhalb Deutschlands konnte einst dessen neue nationale Führung hervorgehen.

Bedeuteten also die Gedanken und Pläne der Reichsreform in Bertolds Hand ein Halt! für den habsburgischen König, so war doch der mächtige Kurfürst nichts weniger als ein einseitiger Gegner, von dem nichts zu gewinnen und zu hoffen war. Bertold war, sein Ziel vor Augen, doch eben um dessen willen Politiker. Sie konnten beide miteinander leben, der reichsgekrönte Herr von Österreich und der Vertreter der Organisation des Reiches. Wir haben erzählt, wie Mainz dem Schwäbischen Bunde beitrat und wie Maximilian nicht zum wenigsten dadurch, daß er mit Bertold und dessen Anschauungen Fühlung hielt, daß er sich den beabsichtigten Unternehmungen für die Reform entgegenkommend erwies, seine Wahl zum Römischen König ermöglichte.

Kaiser Friedrich hatte mit seiner bewundernswerten Aufschiebekunst verstanden, auch um die Reichsreform, solange er lebte, herumzukommen; nun trafen im Jahre 1495 auf dem Reichstage zu Worms zum erstenmale jene Bestrebungen und Maximilians Herrscherauffassung aneinander.

Von den geplanten organisatorischen Maßregeln im Reiche kam die Regelung des Reichsfinanzwesens grundsätzlich zustande. Der „gemeine Pfennig" wurde beschlossen, eine direkte Steuer. Je tausend Gulden Besitz — nicht Einkommen — sollten, bei den Ärmeren durch Zusammenschluß mehrerer, einen Gulden steuern, die Fürsten sollten, weil leistungsfähiger, nach einem erhöhten Prozentsatz herangezogen werden, die Juden so viel Gulden aufbringen, als Köpfe in ihren Gemeinden seien. Es war doch hochbedeutsam, daß inmitten dieser Zeit der einzelfürstlichen Landeshoheit und der territorialen Zersplitterung in Deutschland noch einmal wieder ein Werk unternommen ward, das allen verkündete, wie sie zugleich unmittelbare und ungetrennte Unterthanen und Pflichtige des einen Reiches seien.

Abb. 74. Kostümbild. Kupferstich von Albrecht Dürer.

Dagegen mißlang die von vornherein als notwendig erachtete verfassungsmäßige Ergänzung der Reichsfinanzreform durch die bei dieser Gelegenheit herbeizuführende Errichtung eines Reichsregiments. Noch weigerte sich der von seiner Majestät hoch erfüllte König um jeden Preis und erteilte, wie gerade hier in der alten Burgunderstadt Worms die Erinnerungen aus der großen deutschen Sage vor seinen Gedanken besonders lebendig waren, die Antwort: er vermöge kein König zu sein, der sich an Händen und Füßen binden und an einen Nagel henken lasse.

Wohl lag es nicht hieran allein, aber doch mit, wenn der gemeine Pfennig — wir greifen voraus — in der Hauptsache ein Beschluß auf dem Papier des Reichstags-

Landfriede. Gemeiner Pfennig. Reichskammergericht.

abschiedes verblieb. Viel trug zu dem passiven Widerstande der Bevölkerungen im Reiche gegen diese Steuer die Hast bei, womit Maximilian sich über die für ihre Verwaltung getroffenen Maßregeln und Bestimmungen hinwegzusetzen und die Gelder persönlich in die Hand zu bekommen versuchte, ehe sie nur eingegangen waren. Ferner wurde alsbald durch Einzelbefreiungen und Sonderabkommen die Einheitlichkeit und Gleichmäßigkeit dieser Last durchlöchert, und damit schwanden aus der ganzen Sache die Gerechtigkeit und das Vertrauen. Niemand war sicher, ob auch der andere wirklich zahlen werde, und so unterblieb es fast allerorten.

In fast demselben logischen Verhältnis, wie der gemeine Pfennig zum Reichsregiment, steht der Landfriede zu dem neuen Reichsgericht. Der 1486 auf zehn Jahre verkündete Landfrieden wurde auf dem Wormser Tage leicht und zwar für „ewig" erneuert und damit in der That die endgültige Aufhebung des altgermanischen Fehderechts zu Gunsten der höheren Friedenszwecke des Staates durchgeführt. Als Institut zur Überwachung des Landfriedens, sowie als oberstes Gericht im Reiche überhaupt und als gerichtliche Instanz der Reichsunmittelbaren wurde das Reichskammergericht eingesetzt, das sich in Frankfurt a. M. befinden sollte und welches nach allerhand Stillstand und Neueinrichtung 1527 nach Speier, 1693 nach Wetzlar verlegt worden ist. Die sechzehn Beisitzer des höchsten Gerichts, durch die Stände ernannt — der Vorsitzende durch den König —, sollten zur Hälfte ritterbürtige Leute, zur Hälfte Doctores, d. h. studierte Juristen sein. Das gelehrte römische Recht hatte eine neue überaus wichtige Position auf seinem Siegeszuge in Deutschland errungen.

Also nicht am Hofe, mit dem zusammen das Hofgericht seit den alten Zeiten und bisher umhergezogen war oder seine Residenz gehabt hatte, sondern in der Reichsstadt am Main, die immer mehr den Charakter einer Art Reichshauptstadt neben der habsburgischen Hauptstadt Wien bekam, sollte das oberste Gericht sich befinden und der Rekurs von ihm an den Reichstag gehen. So ist es wohl begreiflich,

Abb. 73. Deutsches Stechzeug, dem Kaiser Maximilian zugeschrieben; um 1500. (Nach einer Photographie von J. Löwy in Wien.)

wenn die Krone diesem, ihrem eigenen Amte gänzlich entrückten obersten Reichsgericht weiterhin ein eigenes Institut entgegengestellt hat. Das geschah in Gestalt des kaiserlichen Hofrats zu Wien. Maximilian setzte diesen 1511 zunächst als ständige Behörde für Angelegenheiten seiner Erblande (neben dem Geheimen Rat) ein: danach wurde er zum Reichshofrat ausgestaltet, welcher das oberste Regierungskollegium des Kaisers war und als Gerichtshof diesen unmittelbar vertrat; als solcher besaß er, im übrigen mit dem Reichskammergericht konkurrierend, die Kriminalgerichtsbarkeit über die Reichsunmittelbaren, die ihm ausschließlich vorbehalten war.

Das sind die Hauptergebnisse dieses berühmten Reichstags von 1495, wo im übrigen noch Württemberg aus Grafschaft zum Herzogtum erhoben wurde. Dadurch ging nämlich das Erbrecht der weiblichen Linie verloren; beim Aussterben des herzoglichen Mannesstammes sollte das Land als Wittum

5*

des Reiches an die kaiserliche Kammer fallen, der Kaiser das Land verwalten lassen und bei Anwesenheit im Lande persönlich regieren. Diese Bestimmungen haben ja keine praktische Erfüllung gefunden, aber sie sind der Erwähnung wert, um die seit Jahrhunderten auf Schwaben in besonderer Weise gerichtete Politik des habsburgischen Hauses zu kennzeichnen, das unablässig im Südwesten wie im Südosten des Reiches seine Stellungen zu erweitern und auszurunden, sich in ganz Süddeutschland zur geschlossenen und gewaltigen, das wittelsbachische Bayern machtvoll umschließenden und erstickenden Territorialmacht umzugestalten strebte.

Abb. 76. Geschlossener Helm, um 1500. Versuch Kaiser Maximilians zur Verbesserung der Harnischtracht. (Nach einer Photographie von J. Löwy in Wien.

Wollen wir Maximilians Gesamtverhalten auf dem Wormser Tage genauer charakterisieren: In denjenigen Verhandlungen und Beschlüssen, die gegen ihn gerichtet waren, finden wir ihn trotz der einen energischen Ablehnung des Regiments sonst im einzelnen bei weitem nicht so systematisch im Widerstande, wie sein Interesse schon erfordert hätte. Es tritt kein bewußter und in politischen Schachzügen geltend gemachter Standpunkt hervor, keine durchdachte Energie in Ausnützung der doch immerhin noch bedeutenden Autorität des königlichen Namens und der vielen Hilfskräfte, die er aus dem wirren bunten Interessengetriebe im Reiche hätte auf seine Seite hinüberleiten können. Sein Verhalten zeigt vielmehr jene Verstimmtheit und Gleichgültigkeit, welcher allzu rasche und hastige Naturen sich so leicht und frühzeitig, sobald der Erfolg versagen will, überlassen. Mehr unter dem Schilde der Unlust als mit der blanken Waffe des Widerstandes hat er diesen Kampf von 1495 geführt und immerhin den Erfolg der Abwehr gehabt: das Reichsregiment noch hinauszuschieben. Dafür gab er freilich, wie sich bald zeigen sollte, wiederum die Möglichkeit dahin, über gefüllte Reichskassen dann zu verfügen, wenn es wirklich einmal eine kaiserliche Führung des Reiches in dessen äußeren und inneren Angelegenheiten galt.

Was bei dieser Unlust und Ungeduld aber sonst noch und nicht als Geringstes im Hintergrunde stand: der viel planende König war mit seinen Gedanken und Wünschen längst wieder wo anders. Schon als er auf dem Reichstage eintraf, den er nach Worms ausgeschrieben hatte, brannte er vor Verlangen, nach Italien zu kommen.

Augenblicklich war die sprunghafte Politik Maximilians im schönsten Einvernehmen mit Frankreich. Er ließ Karl VIII. gegen die Aragonesen freie Hand und erhielt sie von ihm gegen Venedig und in seinen Beziehungen zu Mailand. Der von beiden Königen laut verkündete Plan einer gewaltigen Zusammenfassung und Führung der Christenheit wider die vordrängende Türkenmacht sollte die wirkliche Absicht der vorbereitenden politischen Maßregeln wohlthätig verhüllen. Sie wollten nur, oder jedenfalls zunächst, aus eigener Politik an der Westflanke der Osmanen sich festsetzen, der Franzose im Neapolitanischen, der Habsburger am nördlichen Adriatischen Meer.

Nicht daß es Maximilian mit dem Türkenkriege nicht ernst gewesen wäre. Dieser war und blieb das Ziel all seines Denkens. Mit seiner eigenen Stellung in Österreich, seinen Hoffnungen in Ungarn und am Adriatischen Meer war er der Nächste daran und hatte dringend genug Veranlassung, dem Türkenschrecken und schweren Ungemach vorzubeugen, unter dessen Zeichen Habsburg noch zwei Jahrhunderte hindurch stehen sollte. Aber darüber hinaus wies ihn auf die Türkenkreuzfahrt auch alles, was von idealem und höherem Pflichtgefühl in ihm als dem höchst gekrönten Herrn und ersten Ritter der Christenheit lebendig war. Allerdings — dazu gekommen ist er nie, obwohl er es zeitlebens vorhatte und wohl imstande gewesen wäre, die Kräfte des Reiches und mächtiger Bundesgenossen für eine reine und unvermischte Ausführung dieses Gedankens stattlich zu sammeln. Er blieb auch hier immer im Engen, im partikularen Wollen, im kleinen Mißlingen stecken. Zunächst in Italien.

Die Verhältnisse Italiens zu dieser Zeit der Renaissance sind so äußerst verwickelt, dabei so reizvoll mannigfaltig und an vielen einzelnen Stellen wichtig und anziehend, daß es nicht angeht, sie nur nebenbei mit einiger Vollständigkeit zur Übersicht zu bringen. Es kann sich daher in diesem Buche, das einem Abschnitt der deutschen und niederländischen Geschichte gewidmet ist, nur um eine flüchtigere Orientierung über die jenseits der Alpen eingetretene Lage handeln. Da ist zunächst die mächtigste in dem Nebeneinander der italienischen Republiken und Halbmonarchien: Venedig, reich und blühend durch seinen Handel, Herrin von mancherlei Provinzen und Inseln am und im Adriatischen, Ägeischen, levantinischen Meer, dazu eines oberitalischen Hinterlandes, welches ansehnlich und breit an Mailand und die deutschen Reichslande grenzte; die Stadt einer scharf und hart regierenden, aber erfolgreichen Geschlechteraristokratie, der feinsten und weit ausspähendsten politischen Köpfe, überhaupt nach Form und Wesen die Heimat der gesamten neueren diplomatischen Kunst. So steht Venedig da mit gefürchteter und beneideter Macht, mit bewunderter Staatskunst, mit einer Politik, welche, gleich der wundervollen Kunst Venedigs, die zugleich seinen und leuchtenden Farbenwirkungen benutzt und noch gleich ihr auf — goldenen Grund gestellt ist.

In Mailand war im Oktober 1494 Giangaleazzo Sforza, der rechtmäßige Herzog, für den Ludovico nur weiterzuregieren fortfuhr, mit 25 Jahren gestorben. Der Arzt sagte: an Gift; auch des Jünglings Schwester, Bianca Maria, die Gemahlin Maximilians, und alle Welt nahmen an, daß der Oheim der Mörder sei. Eine nähere Ausführung über die Moralbegriffe der italienischen Renaissance kann wohl in einer weiter ausholenden, die Fäden einzeln und feiner fassenden kulturgeschichtlichen Schilderung des Quattrocento und Cinquecento geschehen, nicht hier, und auch mit einigen Wendungen aus Nietzsche wäre es nicht abgethan; genug, daß der Mord, der Verrat, die zweckmäßige Frevelthat, die rücksichtslose, jegliches Mittel wählende Energie damals in Italien weniger verurteilt wurden, als vielmehr Zustimmung und Bewunderung zu erwecken vermochten. Auch sie wurden betrachtet als Erscheinungsformen und Äußerungen der genial-vorurteilslosen, kraftvoll gesteigerten, sich nur auf sich verlassenden, nur um sich selbst bekümmerten Persönlichkeit, der starken Individualität, die die Zeit über alles schätzte und zu entwickeln strebte. Ludovico Sforza der Mohr, der unter den vielen großen und kleinen Frevlergestalten neben den Borgia der interessanteste, der geistvollste und der schuldbeladenste ist und von dem der Principe Macchiavellis so manchen Zug verwertet hat, ist durch seine Verbrechen nicht gefallen, sondern eher durch sie populär gewesen. Wichtigen Anteil hat Ludovico an der Verwirklichung von Karls VIII. Einmarsch in Italien und dessen Ereignissen. Mit Neapel und mit den Medici, seinen Nachbarn verfeindet, hat der Sforza hauptsächlich gesorgt, das Franzosenheer gegen Florenz zu lenken, und die jammervolle Politik Pieros dei Medici, des so völlig ungleichen Sohnes des Lorenzo Magnifico, hat ihm noch in die Hände gearbeitet. So ist es geschehen, daß in einem einzigen Tage die Verhältnisse von Florenz von Grund aus umgestürzt werden konnten und auf Jahre hinaus aus den Geschicken von Florenz der Name Medici verschwand, an dem die glänzende Geschichte dieser Stadt und der Renaissance ganz Italiens hängt.

Herr des Kirchenstaates war seit 1492 Papst Alexander VI. aus dem spanischen Hause

Abb. 77. Maximilian I. (Spätere Denkmünze, auf 1502 datiert.)

der Borja oder, wie die Italiener es sich zurecht machten, der Borgia. Seine Erwählung, sagt Heinrich Leo, war ein Schrecken für alle Wohlgesinnten in Italien. Zwar das nicht, was von Männern nordischer Völker in der Regel als das Empörende in seinem Leben, ehe er Papst wurde, angeführt wird, seine sinnliche Ausgelassenheit, sein Verhältnis zu der schönen Giovanna (gewöhnlich Vannozza genannt), mit der er lebte und die ihm Kinder geboren hatte, war es, was in Italien Ärgernis erregte, denn an dergleichen war man zu sehr gewöhnt; aber sein ganzer Charakter voll Habsucht und Grausamkeit, voll Lüge und Treubruch, die Frechheit, mit welcher er aller geistlichen Haltung Hohn sprach, kündigte einen Papst an, dem nichts heilig sein würde; und so war es.

Lucrezia Borgia ist seine Tochter; sein Sohn jener Cesare, der bald Erzbischof und Kardinal, bald Herzog und Krieger war. Durch unerhörte Frevelthaten und die Vernichtung zahlreicher kleiner Herrschaften machte er sich zum Landesherrn weiter romagnolischer Gebiete und behauptete diese, bis das Glück der Borgia 1503 mit dem Tode Alexanders zusammenbrach, weil ihm das Gift vorgesetzt wurde, das er einem Kardinal bestimmt hatte. Der ruchloseste seines Hauses, überragt Cesare Borgia auch Ludovico den Mohr als Typus der großen Frevler dieser Zeit: ein auserlesen schöner, bewundernswert kühner, kluger und thatkräftiger, und unerschöpflich lasterhafter Mann.

Neapel, das Maximilians Politik am fernsten gelegen ist, war trotz seiner Ausdehnung der schwächste der größeren italischen Staaten, weil die hier regierende aragonesische Bastardlinie mit allzu vielen inneren Schwierigkeiten kämpfte. Die Insel Sicilien war mit dem Königreich der älteren Aragonesen in Spanien unmittelbar verbunden, sie vermochte im allgemeinen außerhalb der Wirkung der italienischen Stürme zu verbleiben.

Unbeständigkeit und steter Wechsel ist der Charakter aller italienischen Kriegsereignisse und Bündnisbildungen dieser Zeit; und daher war auch Ludovico von Mailand mit Karl VIII. bald wieder völlig zerfallen. Der französische König hatte den mailändischen Rebellen Trivulzio in seinen Dienst genommen und schätzte den tapferen Feldhauptmann hoch; das war ein Anlaß zur Verstimmung, ein anderer aber war viel bedrohlicher. Der Herzog Ludwig von Orleans war nach langer Feindschaft zum treuesten Helfer seines Königs geworden, der ihn durch klugen Edelmut gewonnen hatte. Ludwig aber war ein Enkel der Valentina Visconti, deren Familie einst Mailand regiert hatte, worauf nach dem Aussterben der Visconti im Mannesstamme 1447 die Dynastie der Sforza sich emporgeschwungen hatte. Jetzt, da Karl siegreich in Italien stand, besann sich sein neugewonnener Freund Ludwig jener seiner Abkunft in weiblicher Linie von den Visconti und erhob einen eigenen Anspruch auf Mailand. Unter diesen Umständen näherte sich Ludovico den bedrängten Aragonesen in Neapel und knüpfte zugleich seine Verbindung mit Maximilian enger, dessen Einvernehmen mit Karl längst wieder Besorgnissen vor seiner Politik Platz gemacht hatte. Die gleiche Besorgnis wurde von Venedig über andere gesetzt, und auch den Papst trieb das Verweilen und immer bedenklichere Schalten Karls in allen italienischen Angelegenheiten von ihm hinweg und zu jenen hinüber. So schloß sich aus diesen und sonstigen Feinden Frankreichs am 12. April 1495 die berühmte heilige Liga zusammen, die den römischen König, den Papst, Isabella von Castilien, Ferdinand von Aragonien und Sicilien, Venedig, Neapel und Mailand umfaßte. Nur Florenz, wo auf den Trümmern des schönheitsherrlichen Mediceerregiments der Dominikaner Savonarola ein seltsames Gottesreich der Askese errichtet hatte und als selbsternannter Stellvertreter Jesu Christi regierte, blieb, von dem legitimen Stellvertreter Gottes zu Rom gebannt, der Liga fern und Frankreich treu. Gleichzeitig betrieb Ludovico bei Maximilian seine Belehnung mit Mailand durch das Reich.

Abb. 78.
Der sogenannte Degenknopf Maximilians. Vielleicht auch Halsschmuck. Gravierung in Gold von Albrecht Dürer.
Nach einem der seltenen Abdrücke.

Abb. 79. Maximilian als König.
Gemälde von A. de Predis vom Jahre 1502 im k. und k. kunsthistorischen Hofmuseum zu Wien.
Nach einer Photographie von J. Löwy in Wien.

Abb. 80. Philipp der Schöne.
Gemälde eines zeitgenössischen vlämischen
Meisters.

Abb. 81. Johanna von Spanien.
Gemälde eines zeitgenössischen vlämischen
Meisters.

Diese Lehenseigenschaft hatte einst den Visconti den Herzogstitel gegeben, war aber von den Sforza nie mehr nachgesucht worden. Sie konnte jedoch einen unanfechtbaren Rechtstitel und vielleicht den Schutz der Reichsmacht verbürgen. In der That, im Mai 1495 übertrug Maximilian Mailand an Ludovico als erbliches Reichsfahnenlehen (Abb. 68, 69), jedoch, was auch wieder nur ein Politiker wie er fertig brachte, heimlich, wider Wissen und Willen des Reiches, dessen Zustimmung durch die Kurfürsten von Rechts wegen erforderlich war.

So weit spielen sich die Ereignisse vor und während der Wormser Tagung ab. Als indessen Maximilian nach verabschiedetem Reichstage aus den Thoren der rheinischen Reichsstadt ritt und nunmehr, wie er ersehnt

hatte, frei geworden war für das persönliche Eingreifen in Italien, fand er schon wieder eine veränderte Lage der Dinge. Der Herzog von Orleans war mit 20 000 Schweizer Soldaten, die er gegen Mailand führte, diesem so bedrohlich geworden, daß Ludovico froh war, mit Frankreich, dessen augenblickliche Isolierung Karl dazu geneigt machte, einen Sonderfrieden zu schließen. Dafür vergrößerte sich die heilige Liga wiederum durch den Beitritt König Heinrichs VII. Trotz Englands natürlicher Gegnerschaft gegen Frankreich hatte der Tudor bisher in der Person des Römischen Königs ein Hindernis für seinen Anschluß an das große Bündnis gesehen, weil Maximilian aus burgundisch-niederländischen Handelsinteressen die Hoffuungen des englischen Kronprätendenten und angeblichen York, Perkins Warbeck, unterstützt hatte.

Abermals eine andere Wendung brachten die Schweizer hervor. Bisher hatten sie nur als kriegs- und soldlustige Reisläufer mitgemacht, die im übrigen lieber zu Karl von Frankreich als zu Maximilian gingen, aber weniger aus der Habsburgerfeindschaft, als weil sie wußten und sagten, daß dieser ein magerer Römischer König und jener ein reicher Ätti sei. Nun kommt mit diesen letzten Jahren des XV. Jahrhunderts ein größerer Zug in das Verhalten der Eidgenossenschaft. Schon hatten sie die Beschlüsse des Wormser Reichstages über den gemeinen Pfennig und das Reichskammergericht einfach in den Wind geschlagen und sich damit thatsächlich vom Reiche losgesagt, wozu ihnen die Gründung des Schwäbischen Bundes ein neuer Anstoß geworden war. Weiter bekundeten sie diese Losmachung vom Reiche jetzt dadurch, daß sie als selbständig kriegführende öffentliche Macht auftraten.

Acht ihrer Orte traten frei zu Frankreich ins Bündnis, dem erklärten Feinde des Reichsoberhauptes. Für niemanden aber mußten diese neuen Verbündeten Frankreichs so bedrohlich sein, als für ihren südlichen Nachbar Ludovico, welcher die Absichten des Orleans nicht aufgegeben, sondern nur verschoben wußte.

So dachte der Mohr wieder an Maximilian, dessen Kassen er nach ihrer chronischen Eigenschaft leer vermutete, weil ihm der gemeine Pfennig entgangen war. Ludovico wandte sich an die Signorie von Venedig, und da diese geneigt war und ebenso mit Freuden und voller eifriger Feldherrnpläne Maximilian selbst, so kam am 17. Mai 1496 die Abmachung zustande, daß der römische König als ein Feldhauptmann der Liga in die Dienste jener beiden italienischen Herrschaften trat. Er bekam von Venedig und Mailand zusammen 60000 Dukaten und hatte dafür drei Monate lang 2000 Reisige und 4000 Fußtruppen zu halten und persönlich zu führen. Wenn er sich auch gegen

Abb. 82. Aus den Reliefs am Innsbrucker Denkmal: Vermählung Philipps mit Johanna von Spanien.
(Nach einer Photographie von Fritz Gratl in Innsbruck.)

die Vorwürfe, die er zu hören bekam, herausredete, er habe nur als Erzherzog von Österreich unterschrieben, so hat er diesen reinen Condottierenkontrakt doch thatsächlich als Römischer König, also als Oberhaupt des Reiches unterzeichnet. Des Königs treueste Räte sprachen aus, derlei schade der Krone mehr, als nur zu sagen sei. Ihnen und den deutschen Fürsten, die Maximilian von seinem Vorhaben abhalten wollten, kniff so zum erstenmale betrat. Dort auf den alten Wegen der Romfahrt die Kaiserkrone zu holen, war seit Jahren sein Ehrgeiz gewesen, jetzt kam er wenig königlich als einer, der von Lehnsmannen seines Reiches und städtischen Ratsherren Befehle empfing, was er auszurichten habe, und der dazu bei weitem nicht einmal seine Verpflichtung gehalten hatte, denn er führte wenige hundert Reiter und höchstens 2000 Mann zu Fuß. Das ganze

Abb. 83. Aus den Reliefs am Innsbrucker Denkmal: Die Belagerung von Kufstein.
Nach einer Photographie von Fritz Gratl in Innsbruck.

er zu Ulm geradezu aus, um nichts hören zu müssen, und verbarg sich auf Jagden in Tirol. Aus Venedig aber wird erzählt, am Morgen des Himmelfahrtstages habe man dort das Wappen des Römischen Königs spöttisch aufgerichtet gefunden und der Adler habe zum Hohn die durch Maximilian zu Schanden gemachte Inschrift getragen: Alta pete, nunquam muscam capio: Zu den Höhen streb' ich empor und hasche nicht nach der Fliege.

Im August 1496 kam Maximilian nun durchs Veltlin nach Italien hinab, das er Geschehnis des Feldzuges war die Belagerung von Livorno, welches als florentinischer Hafen der wichtige Stützpunkt für die Flotte Karls VIII. war. Aber die Monate, für die Maximilian Bezahlung empfing, gingen zu Ende, ohne daß in seiner schwierigen und undankbaren Aufgabe, eine unmittelbar ans offene Meer gebaute Hafenstadt mit einem Feldheer — unter unzulänglicher und eifersüchtiger Mitwirkung venezianischer Galeeren zu belagern, irgend etwas ausgerichtet war. Der Winter kam, und er eilte so schnell wie möglich nach Tirol zurück; nicht ein-

Maximilian und seine Familie. Ebenbilder von Bernh. Strigel in der k. u. k. Gemäldegalerie in Wien.
Nach einer Originalphotographie von J. Löwy in Wien.

König Ludwig XII. Französische Politik Maximilians.

mal durch Jagdeinladungen, wie witzige italienische Chronisten dazu bemerken, konnte man ihn aufhalten.

Dann wurde, nachdem im Sommer 1497 das Schicksal Italiens den dortigen Staaten und Frankreich allein überlassen geblieben und ein weiterer Winter vergangen war, die ganze Lage Europas in eine neue große Veränderung versetzt durch den plötzlichen Tod des jungen Königs Karl VIII. in der Nacht vom 7. zum 8. April 1498. Ihm folgte bei dem Mangel eines direkten Erben als nächster Agnat der Herzog Ludwig von Orleans. Er erfuhr das völlig Unerwartete dadurch, daß man ihn als König anrief, und augenblicklich gefaßt nahm er als Ludwig XII. die Huldigung entgegen (Abb. 71). Anna aber blieb Königin, denn Ludwig ließ sich von seiner eigenen Gemahlin, der Schwester Karls VIII., scheiden, wofür die päpstlichen Dispense bei politischem Einvernehmen ja immer zu haben waren, führte die längst Geliebte als Gemahlin heim und sicherte der Krone dadurch zugleich auch weiterhin die Bretagne. Welche Absichten der neue König weiter zu verfolgen gedachte, brachte er dadurch zum offensten Ausdruck, daß er sich in der Mitteilung über seine Thronbesteigung an die europäischen Höfe außer König von Frankreich sogleich auch König beider Sicilien und Herzog von Mailand titulierte. Dabei war er kein Heißsporn, wie Karl VIII. gewesen war, und auch kein Länderjäger wie Maximilian. Er wollte nur verfechten, was er für sein Recht hielt, dies aber durchaus, und sich nichts abzwingen lassen. In dieser Zeit waren die „Symbole" Mode geworden, persönliche Sinnbilder neben dem Familienwappen; Maximilians Symbol war ein schöner Granatapfel, Ludwig XII. aber wählte sich den Igel.

Inzwischen war Maximilian auf den Einfall geraten, dieser so plötzlich zum König gewordene Orleans werde sich etwa ein Vergnügen daraus machen, ihm das Herzogtum Burgund, die Bourgogne, herauszugeben, und forderte ihn treuherzig dazu auf. Auf die Absage hin, die nichts zu wünschen übrigließ, wollte er dann Krieg führen und verlangte Reichshilfe gegen Frankreich, die ihm aber der Reichstag von 1498 verweigerte. So schlug er denn mit den eigenen unzulänglichen Mitteln los, hierbei wieder naiv auf die Liga vertrauend. Dieser aber lag nichts ferner, als burgundische Kastanien aus dem Feuer zu holen, und Maximilians eigener Sohn Philipp, der Herzog, schloß mit Frankreich einen Sonderfrieden und

Abb. 81. Aus dem Zeugbuch Maximilians.
(Aufbewahrt im k. und k. kunsthistorischen Hofmuseum zu Wien.)

Abb. 65. Papst Julius II. Gemälde von Raffael im Pittipalast zu Florenz.
Nach einer Originalphotographie von Braun, Clément & Cie. in Dornach i. E. und Paris.

verzichtete auf den Anspruch, den sein Vater für ihn erhob. Zwar hatte dieser die Genugtuung, mit seinen kleinen Streitkräften durch die Bourgogne und Champagne zu ziehen (Abb. 72), aber auch keinen Nutzen davon.

Ludwig XII. hatte als scharfer Beobachter der verborgenen Situation richtig erkannt, wie lahm die Aktionslust der Liga bereits wieder geworden war, und hütete sich wohl, sie wiederbeleben zu helfen. Vielmehr behandelte er ihre Mitglieder von Anfang alle so, als ob es keine Liga gegen Frankreich gäbe oder je gegeben habe, und stellte sich einzeln mit ihnen gut, ja schloß Bündnisse. So sah der bedrohte Mailänder bald nur noch Maximilian an seiner Seite. Auch diesen unschädlich zu machen, hatte der Orleans ein wirksames Mittel bereit; er kannte den Zündstoff, der bei den Eidgenossen aufgehäuft lag, und wußte, daß nur wenig Minenarbeit nötig sei, um für das übrige die Schweizer selber sorgen und sie den ganzen Stoff zur Explosion bringen zu lassen. Ja selbst seines heimlichen Dazuthuns bedurfte es kaum: Anlässe, die den entzündenden Funken bargen und wie sie ihm nicht gelegener und erwünschter kommen konnten, fanden sich einer nach dem anderen. Und so trieben denn jetzt die Dinge rasch dem Schweizerkriege von 1499 entgegen, oder wie die Schweizer selber ihn nennen, dem Schwabenkrieg. Denn nunmehr hatten sie endgültig aufgehört, selber Schwaben zu sein. Alamannen waren und blieben sie ja von deutscher Volksabstammung, aber Alamanne ist, worüber bei Gelegenheit einer Geschichte der alten Germanen das Nötige zu sagen wäre, nie eine volkstümliche Bezeichnung und zu alten und neuen Zeiten stets nur ein von Nichtschwaben, Fremden benutztes Wort, ein erdachtes und künstliches Synonym für die Schwaben gewesen. Jetzt also hatten sich Schwaben und Eidgenossen endgültig geschieden. Nur daß man auch die Bezeichnung Eidgenosse als mangelhaft geeignet zur volkstümlichen Einbürgerung empfand, und daher das ursprünglich ganz lokale Schwyzer oder Schweizer die geläufigere und auf alle ausgedehnte Benennung wurde.

Auf die wahren Ursachen des Schweizerkrieges brauchen wir nur zurückzuweisen. Die letzten Anlässe waren kleine Häkeleien und Hänseleien. Deutsche Landsknechte in den thurgauischen und Rheingegenden abwärts vom Bodensee pflegten die rinderweidenden Nachbarn mit wenig Witz und viel Behagen als „Kuhmäuler" aufzuziehen, blökten wie Kälber, wenn sie Zugewandte der Eidgenossenschaft in der Nähe wußten, und kamen darüber zu Raufereien; ein tirolischer Rat des Königs ward im Bade Pfäffers beleidigt, und die Graubündner wollten einen deswegen schließlich Geächteten nicht hergeben. So kamen der Vollständigkeit wegen auch diese Parteien hinein, und als des Frühlings Pracht über den wunderbaren Landen am Bodensee lag, zogen die Schweizer mit Plündern durchs Hegau und standen sich auf der langen Linie des Rheins von Chur bis nach Basel die Streitenden in feindlicher Aufstellung gegenüber, dort Graubündner und Tiroler, hier Eidgenossen und Schwäbischer Bund.

Dieser letztere war hierauf längst, während sich der Friede noch hinschleppte, gefaßt gewesen und hatte schon 1497 und 1498

Abb. 86. Helmenwürfe mit dem Bildnis Maximilians.
Nach einer Federzeichnung von Albrecht Dürer im königl. Kupferstich-Kabinett zu Berlin.

auf seinen Bundestagen über die baldige Notwendigkeit der Abwehr verhandelt.

Mehr Zuversicht und Tapferkeit waren bei den Schweizern, als bei dem Schwäbischen Bunde, dessen geworbene Knechte der Feldhauptmann des Bundes, Graf Wolf von Fürstenberg, als ein „flüchtig, schnöd, ehrlos Volk" bezeichnet, während die tadellose Tapferkeit der aber sehr einseitig geschulten Ritterschaft nur zu oft schon an diesen harten Bauern nutzlos zu Schanden geworden war. Die Schweizer blieben überall im Vorteil, und es ward auch nicht besser, als Maximilian selbst und vereinzelter deutscher Zuzug am Rheine erschienen, darunter ein Fähnlein Nürnbergs, dessen Führer der bekannte Ratsherr und Freund Dürers, Wilibald Pirkheimer war. Am Schwaderloch bei Konstanz, wo die Eidgenossen schon im Frühling siegreich gekämpft hatten,

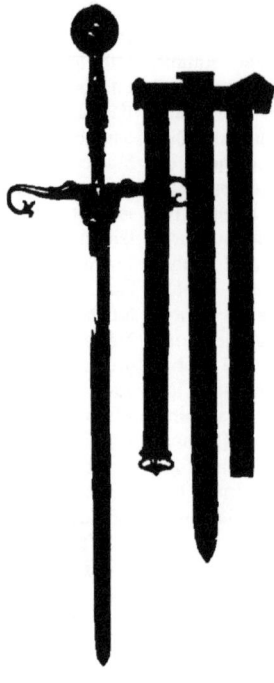

Abb. 87.
Geweihtes Schwert mit den Insignien des Papstes Julius II., welches Kaiser Maximilian verehrt wurde. Um 1510.
Nach einer Photographie von J. Löwy in Wien.

wollte Maximilian am 18. Juli einen Hauptschlag thun, aber es kam nicht einmal ein ordentliches Gefecht zustande. Wohl war Maximilian überall voran und trieb geschäftig zum Kampfe; in seinem gewohnten verschossenen Jägerwams, mit der grünen Stutzkappe auf dem Kopfe, ritt er unbekümmert beim Feind; den jungen Götz von Berlichingen, der als Fähnrich das schwarzweiße Banner von Brandenburg-Ansbach trug, redete er an, und dieser erzählt uns noch in seinen alten Tagen hiervon und wie er Königliche Majestät an der großen Nase erkannt habe.

Auf dem westlichen Kriegsschauplatz in der Baseler Gegend hatte Maximilian seinem Hofmarschall, dem älteren der beiden Fürstenberg, Heinrich, den Befehl übergeben. Dieser kam vier Tage nach jenem unschlüssigen Treffen vom Schwaderloch, am 22. Juli, mit

Abb. 88. Schwerer Roßharnisch Maximilians. Um 1508.
Nach einer Photographie von J. Löwy in Wien.

den Eidgenossen, denen es gelang, ihn unvermutet zu überfallen, bei Dorneck im Solothurnischen zum heißen Kampfe. Heinrich fiel sogleich im ersten Lärm, als er mit geringer Begleitung sich in den Kampf warf, und erlebte somit die völlige Niederlage der Seinen nicht mehr; einer von den fünfzehn seines Hauses, die auf Schlachtfeldern des Reiches und Habsburgs kämpfend gefallen sind. Nun gab Maximilian den Krieg

Bruders stand. Unter Zelten, die man über und bei dem klar sprudelnden Donauquell aufgeschlagen hatte, wurde glänzend getafelt, und Tanz und Lustbarkeit schlossen sich daran. Noch einmal flackerte Maximilians Kriegslust auf, aber die Bundestruppen waren meistens schon davongezogen. So schalt er zwar viel — „mit solcher Kriegführung verderben wir uns selbst und werden alle zu Schanden, es ist das elendeste Ding, es ist, als würfen

Abb. 89. Aus den Reliefs am Innsbrucker Denkmal: Einzug in Mailand 1512.
Nach einer Photographie von Fritz Gratl in Innsbruck.

zunächst auf und fand dann nach seiner Art rasch seinen guten Humor wieder. Anfang August nahm er nebst seiner Gemahlin, die er zu Villingen abgeholt hatte, und mit vornehmer Begleitung, darunter dem Markgrafen von Brandenburg, Quartier bei dem Grafen von Fürstenberg zu Donaueschingen. Eine Einkehr in unbefangener geselliger Laune, wiewohl er „kein geringes und besonders gnädiges Mitleiden" mit dem in so tiefe Trauer versetzten Grafen Wolfgang trug, der gerade in Bemühungen und Unterhandlungen für die angemessene Bestattung seines

wir das Geld in die See" — aber ging über den Schwarzwald in seine Stadt Freiburg. Ein vorläufiges Abkommen mit den Schweizern zu Basel vom 22. September 1499 ließ den Hauptpunkt, die Anerkennung der Reichsbeschlüsse von 1495, noch unentschieden; aber dabei und bei faktischer Nichtanerkennung blieb es. Der Westfälische Friede von 1648 hat dann formuliert, was man sich das ganze XVI. Jahrhundert hindurch im öffentlichen Reichsrecht zu verbergen gesucht: daß das Reich seine ehemaligen Glieder in der Eid-

Abb. 9. Schweizergarde mit Papst Julius II. aus dem Heliosbilde von Raffael im Vatikan.

genossenschaft seit 1499 stillschweigend aufgegeben hatte.

Was übrigblieb aus diesem Kriege, war eine geheime oder offene Bewunderung der Eidgenossen, die nun auch noch durch den Anschluß der Graubündner gemehrt waren, in ganz Südwestdeutschland. Dortige Flugschriften spotteten, wie man sich zuvor beim Weine vermessen habe, daß einer drei Schwizer bestehen wolle, und nun König, Fürsten und Herren zu Schanden geworden seien. Weit verbreitet war die Neigung, der Eidgenossenschaft beizutreten, und blieb es jahrzehntelang in ihrer ganzen Nachbarschaft. Geschickte eidgenössische Propaganda kam hinzu, und auch deren unumgängliche Begleiterscheinungen, thöricht-nutzlose Demonstrationen fehlten nicht; in der Hauptstadt des österreichischen Breisgau ließen Studenten aus St. Gallen durch ihre Diener in den Straßen ausschreien: Hie Schweizer Grund und Boden! — Aber die Reichsstädte Schaffhausen und Basel traten zur Eidgenossenschaft über; die Reichstreue von Konstanz wurde nur durch Zahlungen Maximilians erkauft, worüber im Karlsruher Archiv noch ungedrucktes Material liegt. Als dann die Bauernkriegstürme losbrachen, da scholl es

wieder mit dreisterem Ton im ganzen Südwesten: Der Herren Giz mehret die Schwiz!
Man ahnte ja nichts, während die „Freiheit
löblicher Eidgenossenschaft" so süß verlockend
klang, von dem harten Aristokratenregiment
mancher eidgenössischen Orte und nichts von
der vielerlei Not, die die Schweizer Bauern-
söhne als Reisläufer in die Fremde trieb.
Ein fliegendes Blatt, das viel umging,
meinte, Schloß Steinsberg, jene im Kraichgau
aufragende Burg, die man von den Heidelberger Höhen nach Südosten erblickt, das
solle noch der Mittelpunkt der Eidgenossenschaft werden. Und wahrlich, fast ist es
bei damaligem Reiche ein Wunder, und
wohl nur der schließliche energische Austrag
des Bauernkriegs hat es ermöglicht, daß
die Schweiz, dieses durch viel habsburgische
Schuld entfremdete herrliche Land kern-
tüchtigster deutscher Bevölkerung, nicht noch
manches andere gute schwäbische Gebiet oder
sonstige Stück von dem siechen Reiche los
und zu sich hinüber gerissen hat.

Wie ein Glück oder Unglück selten allein
kommt, so auch — in mehr oder minder
deutlicher Kausalverbindung — selten eine
Niederlage, und besonders in der Lebensgeschichte Maximilians. Während dieser am
Oberrhein den Bürgerkrieg des Reiches gegen
seine bisherigen Untertanen verlor, brachte
Ludwig XII. in Italien alles, was er
wollte, zum Gelingen. Mit den Borgia
war er wieder eng verbündet, dem Cesare,
der ihm den Scheidungsdispens überbracht
hatte, gab er das Herzogtum Valence im
Delphinat, und der Sohn des Papstes nannte
sich nun auch Herzog von Valentinois. Gegen
Mailand sandte er den tapferen Gian Jacopo
dei Trivulzi wieder voraus, er selbst folgte
nach und warf im August 1499 — gerade als
Maximilian den Schweizerkampf aufgab —
die Herrschaft des Sforza ohne sondere Kämpfe
über den Haufen; Ludovico floh nach Deutschland, und Ludwig XII. zog in Mailand ein.

Maximilian tröstete zu Innsbruck nach
Möglichkeit seinen entthronten Gast und Lehns-

Abb. 91. Aus den Reliefs am Innsbrucker Denkmal: Zusammenkunft Maximilians mit
Heinrich VIII. von England.
(Nach einer Photographie von Fritz Grall in Innsbruck.)

mann; Werbungen von Tirol aus zu veranstalten konnte er ihm ja leicht frei stellen, und so brachte der Herzog etliche Burgunder und Schweizer zusammen. Aber als Ludovico im nächsten Frühjahr in die Lombardei kam und Mailand seinen Gewaltherrn jubelnd wieder aufnahm, verließen ihn mitten in seiner Hoffnung die von ihren Behörden heimbeorderten Schweizer. Er mußte froh sein, als Mönch verkleidet in den Reihen der Abziehenden mitgehen zu dürfen; dabei aber lieferte ihn Verrat in die Hände der Franzosen, er wurde nach Frankreich geschafft und ist dort nach zehn Jahren engsten Kerkergewahrsams im Schloßturm von Loches gestorben. Das Herzogtum Mailand blieb in den Händen der Franzosen und damit eine neue ungelöste Verwickelung bestehen, indem ja Mailand zuletzt wieder mehr denn früher als deutsches Reichslehen gehalten worden war.

Mit solchen Erlebnissen allerorten trat Maximilian vor den Reichstag zu Augsburg von 1500. Jetzt war die trotzige Ungeduld von 1495 tief niedergebeugt, und er widersetzte sich dem „Regiment" der Stände nicht mehr, das über alle Reichssachen mit Einschluß der auswärtigen Angelegenheiten befinden sollte. Der König verfügte als solcher und für Österreich und Burgund nur über drei Vertreter, gegenüber achtzehn der Kurfürsten, Fürsten, Prälaten, Grafen und Herren und der Reichsstädte. Also über eine wahrhaft ungerecht kleine Minderheit. Es war seine thatsächliche Abdankung und war ja auch so gemeint.

Ferner wurde hier in Augsburg der erste Anfang mit der Kreiseinteilung des Reiches gemacht. Man bildete sechs Kreise, die als solche ebenfalls im Reichsregiment vertreten sein sollten und zwar durch Beauftragte aus den Ständen der Ritter und der Doktoren. Es waren bedeutsame Pläne und Beschlüsse mit dem Zweck, dem Reichskörper eine eigene Organisation zu geben und zugleich einem weiteren Publikum, dem Kleinadel und dem gebildeten, die neuen Beamten stellenden Bürgertume, Geltung in den öffentlichen Angelegenheiten zu verschaffen. Was besonders bemerkenswert ist, hier ging man einmal über die herkömmliche

Abb. 92. Aus den Reliefs am Innsbrucker Denkmal: Sieg über die Franzosen bei Guigenate.
(Nach einer Photographie von Fritz Gratl in Innsbruck.)

politische Zersplitterung, über die Gruppierung in die unzähligen Reichsstände ganz hinweg und hielt sich an den nationalen Begriff einheitlicher sozialer Schichten. Doch stellen die Anfänge von 1500 nur Entwürfe dar, und wir werden auf das Kreiswesen erst bei folgewichtigerer Gelegenheit zurückzukommen haben.

Maximilians Optimismus hatte sich damit getröstet, wenn das Regiment nun einmal nicht zu vermeiden sei, so werde es die Reichspolitik auch nicht anders handhaben können, als indem es die des Königs aufnehme und unterstütze. Hierin aber sah er sich schwer getäuscht. Die erste That des Regiments, das sich in Nürnberg einrichtete, war, mit Frankreich sanftmütige Verständigung über Mailand zu suchen. Maximilian war entrüstet, aber wie er nun einmal war, und da er gerade allerlei wider Venedig plante und dazu Frankreich zu brauchen gedachte, so wußte er auch nichts Besseres und wurde selber noch friedenseifriger als das Regiment, um diesem zuvorzukommen. Im Oktober 1501 traf er im bischöflichen Schlosse von Trient mit dem französischen Unterhändler Kardinal d'Amboise zusammen und gestand dem König Ludwig gegen Heiratsaussichten für Maximilians Enkel Karl die Belehnung mit Mailand zu. Freilich erst 1505 ward diese Belehnung zu Hagenau vollzogen, nachdem neu aufgetauchte Störungen beseitigt und die Abmachungen von 1501 durch neue Verträge befestigt worden waren.

Das Königtum war mediatisiert, die abgestufte Aristokratie der Stände zum Haupt und Souverän im Reiche geworden. Die Fürsten hatten mit der Einsetzung des Regiments etwas unternommen, was dem Anscheine nach die ganze deutsche Geschichte hätte in neue Bahnen lenken können. Aber hier zeigt sich, daß schließlich doch immer, unter allen Regierungsformen, der Einzelne

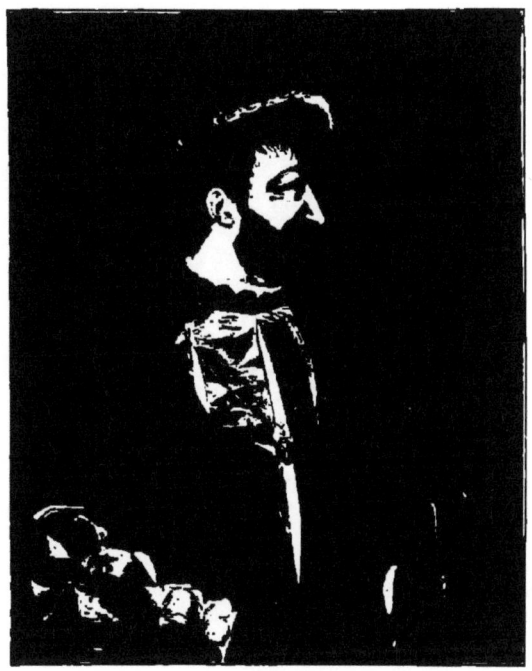

Abb. 93. König Franz I. von Frankreich.
Gemälde von Tizian im Louvre zu Paris.
(Nach einer Originalphotographie von Braun, Clément & Cie. in Dornach i. E. und Paris.)

im Vorteil ist. Beim Bürgertum behielt trotz allem der viel planende, kriegerische, unermüdliche König mehr Liebe, als das Rätekollegium des Regiments mit seiner sofort gezeigten geruhsamen Sparsamkeits- und Nurjaseinenentschluß-Politik. Maximilian konnte beginnen, dem Regiment durch eigenes beschleunigtes Handeln (wie gegenüber Frankreich), durch alle mögliche Querpolitik und heimliches Beinstellen das Leben sauer zu machen, und fand dafür eine gewisse populäre Anerkennung. Schon 1502 hatte er sowohl die Räte vom Regiment, wie auch die Beisitzer vom Kammergericht so weit, daß sie einfach auseinander gingen; für ihre ausgesetzte Besoldung zu sorgen, war von Anfang an niemandem eingefallen, und irgend ein Erfolg ihrer Beschlüsse war nicht wahrzunehmen gewesen.

Nach der tiefen Depression von 1499 und 1500 geht es wieder einmal eine Weile mit Erfolgen aufwärts in Maximilians Regentenlaufbahn. Er hatte im Jahre 1496

Spanische Heiratsverbindung.

Abb. 91. Maximilian und Anna von Ungarn. Denkmünze auf ihre Verlobung.

die früher verweigerte Hand der Juana von Spanien für seinen Sohn Philipp doch noch erlangt (Abb. 80—82): Juanas Bruder Don Juan führte 1497 die verlassene Braut Karls VIII., Margarete von Burgund, heim. Eine Doppelheirat, die ansehnlich war, aber keine Erbaussichten bot. Da starb jedoch Juan noch 1497. Nun war Erbin der beiden spanischen Reiche Juanas ältere Schwester Isabella, die mit dem König von Portugal vermählt war. Aber auch sie starb 1498, und 1500 starb noch ihr Sohn und einziger Erbe Miguel. Durch diese drei unvermuteten Todesfälle

Abb. 95. Aus den Reliefs am Innsbrucker Denkmal: Schlacht gegen die Venetianer. Nach einer Photographie von Fritz Gratl in Innsbruck.

Abb. 96. Kaiser Maximilian in der Messe. Oben zwischen dem Kaiser- und dem Königswappen das Papstwappen Leos X. Medici. Holzschnitt von Hans Burgkmair.

sah sich Juana als nunmehr älteste der überlebenden Schwestern zur Erbin von ganz Spanien nebst seinen europäischen Nebenlanden und transoceanischen Kolonien bestimmt. Ihrem Ehebunde mit Philipp entsproß (nach Töchtern) im gleichen Jahre 1500 der erste männliche Erbe, Karl, der zu Gent geboren wurde. Auf ihn folgte 1503 noch ein zweiter Sohn, Ferdinand, der in Spanien geboren ward. Jener Karl ist der spätere Karl V., von dem wir schon berichtet haben, daß Maximilian ihn alsbald, während er noch Säugling war, in die habsburgische Heiratspolitik einstellte, indem er ihn im Jahre 1501 mit Claudia, der Tochter des französischen Königspaares, verlobte, welcher von diesem die Bretagne, das Erbe der Mutter, als einstiges Heiratsgut zugesagt wurde.

Als 1504 die alte regierende Königin Isabella von Castilien starb, trat Philipp von Burgund im Namen seiner Gattin und seiner Söhne die Regentschaft an über das größte und blühendste Königreich der hispanischen Halbinsel und über die geheimnisvollen Fernen des für Castilien neuentdeckten „Indien" jenseits des Oceans. Es schien erfüllt, was Friedrich III. in der kabbalistischen Mystik seines A. E. J. O. U. einst erträumt hatte, erfüllt durch Fügungen, die keine menschliche und politische Berechnung je hätte ahnen können. Der junge burgundische Herzog ließ es sich wenig anfechten, wenn sein galliger Schwiegervater ihm, an den er doch auch Aragonien einmal vererben mußte, die größten Schwierigkeiten bereitete. Ja, als zu Tage trat, daß Juana mehr und mehr vom Schatten des Wahnsinns, hauptsächlich in Form rasender Eifersucht, umnachtet wurde, wandte sich Ferdinand an die castilischen Cortes, um durch deren Mitwirkung die Regentschaft zu erlangen. Aber Philipp war und blieb der Vormund seiner Söhne, von denen entweder Karl oder beide miteinander die einzig möglichen Erben waren, und schlug alle Angriffe auf seine Regentschaft ab.

Seit dem Frühjahr 1506 befand sich Philipp wieder im Lande. Im Januar hatte er von Vlissingen aus, dem Hafen Middelburgs, die Überfahrt mit seiner Familie und mit einer ganz stattlichen Orlogsflotte angetreten, auf der sich einige tausend Truppen, darunter 1200 deutsche Landsknechte, befanden. Den Oberbefehl dieser Truppen führte Graf Wolfgang von Fürstenberg, dem wir hier abermals begegnen, da ihm Maximilians besonderes Vertrauen schon frü-

Abb. 97. Conrad Celtes. Holzschnitt von Hans Burgkmair.

her zum Leiter der Erziehung Philipps und seitdem zu dessen intimstem Rat bestellt hatte. Die ausführlichen Berichte des Grafen an König Maximilian bilden eine wichtige Quelle und bieten uns zugleich höchst anschauliche Stimmungsbilder.

Es war damals unter allen Umständen nichts Kleines, auf die See hinauszugehen. Das Leben war überhaupt — dies nebenbei und im allgemeinen gesagt — in geringerer Sicherheit, man ward leicht einmal erschlagen, erstochen, vergiftet, durch Eifersucht umgebracht, auch wohl geschwind gehangen, man hatte viel mehr Gelegenheit zu Unfällen, und auch die Ärzte brachten die Menschen noch bei recht vielen Krankheiten zum Tode, die man jetzt zu heilen versteht. Aber man kam auch wieder leichter davon, der Arm der Gerechtigkeit war rasch, aber kurz, der Krieg nicht so mörderisch und unerbittlich. Und im übrigen bangte man nicht allzu sehr ums Leben und fuhr ohne viel Kummer dahin, wenn man nur Zeit gehabt, seinen Frieden mit Gott zu machen. Auch Philipp und seine Begleiter kamen in die Lage, schwere Gelübde um ihr Leben zu thun (große Schenkungen an St. Jakob von Compostella, lebenslängliche Fleischenthaltung und dergleichen, was wohl nicht alles gehalten worden ist) und im übrigen geduldig und furchtlos auszuharren. Vier der Schiffe sanken mit der Besatzung, andere trieben in cornwalisische Häfen. Philipps Fahrzeug hatte schwere Havarie auf einem englischen Riff, konnte jedoch einen Nothafen anlaufen, nachdem es für die Begleiter zehn Tage ver-

Abb. 98. **Wilibald Pirkheimer.** Kupferstich von Albrecht Dürer, 1524. (Nachstich.)
„Man lebt durch seinen Geist, das übrige gehört dem Tode."

schollen gewesen war. Juana benutzte übrigens die unfreiwillige Anwesenheit in England, um ihre Schwester Katharina zu besuchen, bekanntlich später die erste Frau König Heinrichs VIII., damals noch die Gemahlin von dessen Bruder, dem Prinzen Arthur.

Dann unternahm man aufs neue das Glück der Fahrt und gelangte wohlbehaltener, als durch den Kanal, durch die offene See nach Spanien. Die Aufnahme war günstig, es zeigte sich, daß die Castilianer den König Ferdinand nicht ausstehen konnten und um so lieber treu zu Philipp hielten. Dieser hielt sich aber auch „so trutzlich", verhandelte

Abb. 99. Maximilian beim Harnischschmied. Aus dem „Weißkunig".

mit den Spaniern so weislich und verhielt sich in allem so wohl, daß er sie ganz gewann. Ferdinand sandte vier Herren mit weißen Stäben ins Land, die sollten die obersten Richter sein, aber Philipp schickte sie heim und sagte ihnen, er sei König und sorge selber für die Rechtspflege. Der größte Feind, erzählt Graf Fürstenberg weiter, den König Philipp neben seinem Herrn Schwiegervater habe, das sei die Königin Johanna, seine Gemahlin. Die sei böser, als ihm gestattet sei, Königlicher Majestät zu schreiben. „Auf morgen schickt die Königin alle Frauen und Jungfrauen, die sie mit sich gebracht, wieder nach Brabant zurück, da sie dieselben nicht bei sich haben will, nur ein altes Weib wird sie hier behalten." Großes Aufsehen machten in Spanien die deutschen Landsknechte durch ihre Tüchtigkeit und Zucht, weniger günstig erscheinen in den spanischen Quellen die Niederländer. Ersteres wird Maximilian, nach schlimmen Erlebnissen in den Anfängen seiner Thätigkeit für die Ausbildung dieser neuen Truppe, sehr gefreut, er mag es aber auch wohl ihrem Führer im Herzen besonders gedankt haben.

Am 27. Juni brachte Philipp nach manchem Hin und Her einen Vertrag mit Ferdinand zustande, der Juana von der Regierung ausschloß und diese bestätigend in Philipps Händen legte. Aber das gleiche Jahr 1506, das so guten Fortgang sah, sah auch ein baldiges jähes Ende. Am 25. September starb Philipp nach kurzer Krankheit; zu Granada wurde er begraben.

Es war ein schwerer trauriger Schlag nicht nur für den Vater, auch für den Politiker und politischen Phantasten Maximilian. Die Zusammenfassung der Kräfte von Deutschland und Spanien gegen Frankreich, der Kreuzzugsgedanke gegen den Islam mit der besonderen Wendung gegen Afrika und von dorther gegen die Osmanen — alles war mit dem blühenden Sohne dahin. In den Niederlanden wie in Castilien traten Regentschaften ein: dort Margarete, hier nach langem diplomatischem Ringen Ferdinand von Aragonien. Karl und Ferdinand, den Enkeln Maximilians, gehörte künftig die halbe Welt, aber Maximilian selber mußte sich gestehen, daß er von dieser Sachlage und jedem daraus herzuleitenden Anspruch und Gewinn ausgeschlossen sei.

Inzwischen hatte ihm das Jahr 1504, in welchem Isabella starb und Philipp begann, sich König und Regent von Castilien zu nennen, ein ganz Neues und längst nicht Gewohntes im Reiche gebracht: einen Triumph der Krone und die Demütigung fürstlicher Widersacher. Überall standen die Wittelsbacher, in Kurpfalz so gut wie in Bayern, gegen Habsburg. Die im Kronstreite Ludwigs des Bayern und Friedrichs des Schönen verkörperte Gegnerschaft hatte thatsächlich nie ein Ende gefunden. Mit an der Spitze der kurfürstlichen Opposition stand der Pfalzgraf und Kurfürst bei Rheine; Bayern dagegen hatte zu seinen herausfordernden Hoffnungen, Tirol zu gewinnen und schwäbische Reichsstädte einzuverleiben, weitere Beleidigung gefügt. Als der alte Kaiser Friedrich vor Matthias Corvinus flüchtete und aus Innsbruck weiter nach Schwaben zog, ließ er dort seine zwanzigjährige Tochter Kunigunde zurück. Maximilian, stets ein viel planender Heiratsstifter, hatte sie zwar früher schon dem Herzog Albrecht von Bayern-München angetragen. Aber um so mehr war Friedrich dagegen. Als sie nun in Siegmunds Obhut zurückgeblieben war, war zwischen diesem und dem Münchner Hofe der Plan neu zur Sprache und die Verlobung zustande gekommen, auch die Vermählung unter höchster Ungnade des Kaisers im Januar 1487 vollzogen worden. Kunigunde wird übrigens als ein vortreffliches junges Weib von herzhaftem und klugem Sinn geschildert, und ihre Ehe ward überaus glücklich. Dies alles lag etwas weiter zurück, aber ohne rechte Versöhnung.

Nun starb am 29. November 1503 Herzog Georg der Reiche von Bayern-Landshut, und um sein Erbe stritten sich Herzog Albrecht von München als nächster und durch Erbvertrag noch besonders berechtigter Agnat und Ruprecht, der zweite Sohn des Kurfürsten Philipp von der Pfalz, als Schwiegersohn, beide Wittelsbacher. Während Albrecht sich klug zu Maximilian hielt, der in seiner Eigenschaft als Reichsoberhaupt ihn schon 1497 in jenem Erbe anerkannt hatte, wollte der Pfälzer, weil ihn Georg eingesetzt hatte, von Reichstag und königlichem Spruch nichts hören, begann Krieg und geriet darüber in Acht und Aberacht; mit ihm schließlich als Helfer sein Vater, der erste weltliche Kurfürst des Reiches. Zu Maximilian, der die Rolle des tertius gaudens schnell und klug mit der Unterstützung Albrechts vertauscht hatte, hielten der Schwäbische Bund, Ulrich von Württemberg, der Landgraf von Hessen, der Markgraf von Brandenburg-Ansbach und die Stadt Nürnberg.

Im Landshutischen, im heutigen Nordtirol, in der linksrheinischen Pfalz und in der Ortenau ward der Krieg geführt, den das junge Pfälzer Paar mit unerschrockenem Mut gegen die Übermacht des Königs und der mit ihm Verbündeten aushielt. Mit Ruprecht, der das bayerisch-münchnerische Kufstein eroberte und damit Maximilians erhoffte Beute vorerst

Abb. 100. Reiterharnisch Maximilians.
(Nach einer Photographie von J. Löwy in Wien.)

wegnahm, war seine Gemahlin Elisabeth im Feldlager, sie ging in Stiefeln und Rüstung unter den Landsknechten umher, trug selber die Wasse und feuerte mit lebhaften Worten zu Mut und Ausharren an. Indessen schon im August 1504 raffte ein plötzlicher und früher Tod Ruprecht und dann im September das gleiche Geschick auch Elisabeth hinweg, und damit Hohn des Königs die Spuren der schweren Schüsse an den Mauern mit Besen kehren lassen. Mit Hilfe seiner beiden mächtigsten Stücke, die Maximilian von Innsbruck auf dem Flusse herabkommen ließ, des „Purlepaus" und des „Weckauf von Österreich" ward endlich die Feste zusammengeschossen (Abb. 43), dann gestürmt. 42 Verteidiger waren noch übrig: Maximilian ließ sie zum

Abb. 101. Maximilian berät mit den Geschützgießern.
Holzschnitt H. Burgkmairs zum „Weißkunig".

mit war der pfälzischen Partei die Kriegsfreudigkeit genommen. Maximilian brachte in den Rheinlanden den alten Kurfürsten zum Stillstande, und als er dann auf dem bayerischen Kriegsschauplatze erschien, schlug er die von den Pfälzern geworbenen Böhmen bei Regensburg und konnte darauf beginnen, Kufstein zu belagern, das von dem wackeren Hans von Pienzenau in unerschütterlichem Mut verteidigt ward. Ein historisches Lied erzählt, Pienzenau habe zum Tode führen, und erst als 18 davon, der tapfere Pienzenauer voran, unter dem Richtschwert gefallen waren, konnten der Einspruch und die Bitte der anwesenden Fürsten die weitere Vollstreckung des unedlen Zornspruches verhindern.

Mit dem Falle von Kufstein war aber der Krieg zur Hauptsache beendet. Jetzt stand dieser viel besiegte König als Sieger vor dem Reiche da, jetzt konnte er einmal — um so unbehinderter, als Ende 1504 auch

Bertold von Mainz gestorben war — befehlen und fand rings umher stumme Scheu. Der Kölner Reichstag von 1505 ordnete die Landshuter Angelegenheit. Für die Kinder Ruprechts und Elisabeths, unter denen Otto-heinrich später durch schrägen Erbgang Kurfürst und einer der berühmtesten Herren der Pfalz werden sollte, wurde nur die „junge Pfalz" (Pfalz-Neuburg an der Donau) geschaffen und das übrige an Bayern

Abb. 164. Die große Kanone. Eisenätzung Albrecht Dürers. (Rechts ungarische Typen.)

Abb. 9. Jacob Meyer, Bürgermeister von Basel.
Bild und Nebenbild von 1516. Originale von Hans Holbein im Museum zu Basel.
Nach einer Originalphotographie von Braun, Clément & Cie. in Dornach i. E. und Paris.

überwiesen. Für Maximilian brachte der Ausgang die Erfüllung von allerlei zerstreuten, aber gar nicht unerheblichen territorialen Wünschen und eine dauernde Verrückung des tirolischen Gebietes nach Norden, wo das neubefestigte Kufstein fortan für Habsburg die Grenzwacht hielt. Der Kurfürst von der Pfalz, Ruprechts Vater, blieb ein zwar unausgesöhnter, jedoch geächteter und unschädlicher Mann, Maximilian aber ein Sieger in Reichsangelegenheiten; ganz erstaunt berichtete der venezianische Gesandte seiner Signorie: die Königliche Majestät ist zur Zeit gleichsam ein wahrer Beherrscher des Reiches und der Staatsgewalt in Deutschland.

Noch auf dem Konstanzer Reichstage von 1507 erwies sich diese ungemein verstärkte Stellung, da die tiefe Demütigung des stolzesten Kurfürsten dem Könige verliehen hatte. Man sieht zugleich, wie Maximilian doch bis zu einem nicht geringen Grade dazu angethan war, vom Reiche und zumal vom Volke als ein rechter Herrscher aufgefaßt und als solcher erhöht zu werden. Der Reichstag bewilligte ihm jetzt leicht eine sehr ansehnliche Reichshilfe nach Italien zum Römerzuge und zur Kaiserkrönung, wonach der König längst sehnend verlangte. Aber nun kommt wieder diejenige Art von Kalamitäten, womit er nicht fertig wurde: Venedig und Frankreich (als Herr von Mailand) ließen ihn einfach nicht aus den Alpen heraus, auch nach Westen durchzubrechen hätten ihn die Eidgenossen verhindert. Im deutschen Grenzbistum Trient kam der romfahrende König zum Stillstand und überhaupt nicht mehr weiter. Er freilich in seiner Ungeduld und planenden Vielseitigkeit verfiel rasch und bequem auf eine einfache Lösung: am 4. Februar 1508 ließ er in der Peters-

Abb. 104. Die Gattin des Bürgermeisters Jacob Meyer. Zeit- und Kostümbild von 1516. Gemälde von Hans Holbein im Museum zu Basel. Nach einer Originalphotographie von Braun, Clément & Cie. in Dornach i. E. und Paris.

kirche zu Trient vor den Feldhauptleuten verkünden, daß er den Titel Römischer Kaiser angenommen habe. Ebenso ward durchs Reich verbreitet: nur solle, wenn Kaiserlicher Majestät schriftlich gedacht werde, „erwählter Römischer Kaiser" geschrieben werden. Das war eine Rücksicht auf den Papst. Dieser selbst war ganz zufrieden, daß Maximilian fern blieb, obwohl er an dem Romzugsplane beteiligt gewesen war, und hieß alles gut.

Auf diese Weise haben die längst überlebten Romfahrten deutscher Könige ohne Sang und Klang ihr Ende genommen, und der Kaisertitel, den vorher niemand als durch den Papst erhalten konnte, ist fortan von den deutschen Herrschern jeweils seit dem Datum ihrer Thronbesteigung getragen worden, wenn auch Karl V. noch einmal eine nachträgliche Krönung durch Clemens VII. hat vollziehen lassen.

Bald danach bekam Maximilian Oberwasser. Von überall her spitzte es sich gegen Venedig zu, und er selber war ja nie eifriger, als wenn er gegen die adriatische Herrscherin planen und rüsten konnte. Papst Julius II. (1503—1513, Abb. 85) aus dem Hause der unechten della Rovere, der politisch und menschlich größte der Herrscher zu Rom in der Zeit der Hochrenaissance, schloß sein Bündnis mit dem neuen Kaiser enger, Frankreich, Spanien näherten sich, so kam die Liga von Cambrai, vom Dezember 1508, gegen Venedig zustande. Der Krieg gegen dieses begann (Abb. 95): Maximilian eroberte Verona, Vicenza, Triest, die Hauptunternehmung war die Belagerung von Padua, die er aber gerade in dem Augenblick ungeduldig aufgab, als drinnen Munition und Lebensmittel so gut wie zu Ende gelangt waren.

Und darauf ließ sich Maximilian im Schlepptau der französischen Politik in deren neue Wendung gegen den Papst einbeziehen. Es entsprach ganz seiner Natur, wenn er bei dieser Gelegenheit in größter Eilfertigkeit auch den Plan einer deutschen Nationalkirche ohne den Papst in petto hatte. Welch bedeutsames Planen in solcher Zeit! Aber leider in den Händen eines Maximilian. Daher wurde auch sehr rasch wieder ein neues Projekt daraus. Als etwas später Julius II. erkrankte und Adel und Volk zu Rom sich ganz im Stil des X. Jahrhunderts in Aufruhr gegen den Priesterstaat erhoben und den Kaiser riefen, um ihn als Werkzeug zu brauchen, da dachte Maximilian die Gelegenheit zu erspähen — selber Papst zu werden. Jedenfalls irgendwie dessen Autorität und Machtstellung mit der kaiserlichen zu verbinden, von der sie in alt verschollenen Zeiten abgehangen hatte und verliehen worden war. Er schrieb darüber voller Hoffnungen und Phantasterei an seine Tochter Margarete und unterschrieb: „Euer guter Vater Maximilian, künftiger Papst." Indessen Papst Julius II. war ein Mann, der in finsterer Regennacht seine Batterien inspizierte, der im Kugelfeuer und Schneegestöber Befehle gab und selber Geschütze richtete — es fiel ihm nicht ein, zu sterben oder seinen Römern daheim nachzugeben, während er im Felde stehen mußte. Und 1512 führte er kraftvoll und gebietend die im Jahre vorher geschlossene „heilige Liga", zu der außer ihm Venedig und Spanien gehörten, gegen Frankreich. Noch hielt Maximilian zu letzterem gegen die Liga. Am Ostertag 1512 kämpfte man bei Ravenna, wo Frankreich seinen heldenmütigen jugendlichen Führer Gaston de Foix verlor und eher geschlagen ward als siegte, obwohl auch die Ligisten das Feld räumten. Dann aber wandte auch der deutsche König sich hinüber, und immer mehr gewann Julius II. Kraft in diesem Kampfe, dessen bewußtes Ziel die endliche Wiedervertreibung der fremden französischen Übermacht von dem Boden Italiens war, welches Julius wenn auch nicht als Einheit führte, so doch als Gegenstand einheitlicher politischer Gedankengänge zusammenfaßte.

Damals schuf Raffael in den Stanzen des Vatikanpalastes in der Reihe seiner gewaltigen Fresken an der Darstellung der Vertreibung des Heliodor. In einer Scene voll stürmischer Bewegung, ähnlich diesen

Abb. 105. Burgflecken zur Zeit Maximilians. (Mit dem heil. Antonius.) Kupferstich von Albrecht Dürer.

raschen Kämpfen von 1512, ergreifen und jagen den Tempelschänder die himmlischen Rächer des Herrn; in desto imposanterem Gegensatz erhabener Ruhe aber wird von der Seite her der lebende und regierende Papst Julius II. auf dem Tragsessel in die historische Scene getragen (Abb. 90). Das Bild ist die symbolische, dieses Papsttum verherrlichende Darstellung des großen Aktes der Franzosenvertreibung aus dem Lande Italien, darin der Stellvertreter der Apostel residiert und voller Kraft und Größe die Führung der Geschicke der Halbinsel an sich genommen hat.

Den eigentlichen Ausschlag gaben dann die Schweizer. Hier tritt ihre junge Souveränität noch bestimmter auf als je bisher. Als europäischer Staat, mit eigener Großmachtpolitik, erkämpfen sie nicht mehr für andere, sondern für ihre eigene Schutzherrschaft die Lombardei von den Franzosen und halten das Herzogtum Mailand in der Hand; die Einsetzung von Ludovico Moros Sohn Massimiliano Sforza, ihrem Schützling, ist das Werk dieser Politik, welche Kaiser Maximilian durch die nunmehrige Belehnung des Sforza — an der Stelle des von ihm selbst 1505 belehnten Ludwig XII. — vervollständigt und legitimiert.

Auch England unter seinem neuen König Heinrich VIII. hatte 1512 die alte Gegnerschaft gegen Frankreich wieder aufgenommen und rüstete im Einklang mit der heiligen Liga zur Fahrt über den Kanal und zum Einfall in den Norden des Nachbarreiches. Unter diesem Eindruck wurde die Franzosengegnerschaft Maximilians noch hoffnungsfreudiger, als bisher in diesen Jahren, und bot alles auf, was ihr an Kräften verfügbar war. Am 5. April 1513 schloß der Kaiser zu Mecheln ein Bündnis mit Eng-

Abb. 106. Jacob Fugger von Augsburg. Zeit- und Kostümbild.
Nach einem Farbenholzschnitt von Hans Burgkmair.

land ab, und einige Monate später kam er persönlich am Aire mit König Heinrich VIII. zusammen, der die Stadt Terouanne in Artois belagerte (Abb. 91). Der Kaiser — nur die deutsche Geschichte kennt so widerwärtige Abwesenheit der geringsten Selbstachtung — erklärte voll Eifer dem Könige der Engländer, als dieser ihn mit Geschenken demütigte, die Maximilian nicht zu erwidern vermochte: am Tage der Schlacht kein eigen kaiserlich Banner neben dem von England entfalten, sondern nur des Königs und des heiligen Georg Diener sein zu wollen.

Es war dieselbe Gegend, wo Maximilian vor 34 Jahren seine erste und überhaupt seine glücklichste Schlacht geschlagen hatte. Nun jagte er zum zweitenmale bei Guinegate (Abb. 92), am 16. August 1513, die französischen hommes d'armes in wilder Eile vor sich her; sie brauchten die Waffen gar

Abb. 107. Fackeltanz. Nach einem Holzschnitt Albrecht Dürers.

nicht und nur ihre Sporen mit solcher Vehemenz und die Verfolger hinterdrein desgleichen, daß die Schlacht den Namen der Sporenschlacht behalten hat. Aber bald genug wandelte sich Heinrich VIII. zu Ludwig XII. hinüber, zumal Papst Julius in demselben Jahr 1513 gestorben und an die Stelle dieses Großen, der alles zusammenhielt, Leo X., d. i. Giovanni bei Medici getreten war, der die alte Franzosenfreundschaft seines Hauses wieder aufnahm. In Unlust ging das Bündnis Heinrichs und Maximilians auseinander, mit ihm auch die geplante Verlobung des jungen Karl von Spanien — dessen Verlobung mit Claudia von Frankreich in den Wechseln der französischen Politik Maximilians längst verschollen war — mit Heinrichs Tochter Maria von England, derselben, die später den Namen der blutigen Maria erwarb. Und als am 1. Januar 1515 König Ludwig XII. starb und sein Verwandter und Schwiegersohn Herzog Franz von Angoulême (Abb. 93), der Gemahl Claudias, der Nachfolger ward, erlitt damit die beherrschende Stellung Frankreichs in den Welthändeln keine Einbuße. Um so weniger, als König Franz noch im gleichen Jahre, im September, seinen berühmten Sieg über die Schweizer bei Marignano erfocht und damit wieder Herr von Mailand und die maßgebende Persönlichkeit in Oberitalien wurde, während Massimiliano Sforza das Ende seines Vaters erlebte: ein langsames Verderben in französischer Schloßgefangenschaft. Kaiser Maximilian hat 1516 noch einmal einen flauen Vorstoß gegen Mailand gemacht, dann aber hier Ruhe gegeben. Mehr als zwei Jahrzehnte lang hatte er, bald in der Hoffnung, in und um Mailand etwas zu erreichen, bald in der Absicht, Venedig zu berauben, in den italienischen Händeln gesteckt und sich allen möglichen Kombinationen der dortigen Parteiungen und Bündnisse anzupassen gesucht. Etwas hat er schließlich durch sein Abkommen vom 26. August 1518 mit Venedig immerhin erlangt: Roveredo und die Idylle von Riva am Gardasee, sowie das Ampezzothal. Aber ein Lohn für alle aufgewendete Last von Kosten, Schulden und — Erniedrigung war das nicht. Es ist zu bitter, wir wollen es nicht weiter verfolgen: was wäre trotz allem noch möglich gewesen, hätte dieser Kaiser, hochfliegend, begabt und bei den Deutschen beliebt, der Kraft des Reiches, die vielzerrissen und geschwächt, aber immer noch ansehnlich war, den kaiserlichen Adler vorangetragen zur Unterstützung wohlverstandener und wirklicher deutscher Ziele, auch im Norden, im Bereiche der Hansa, oder im Osten, wo der Deutsche Orden um sein Dasein rang, anstatt voll zarter Rücksicht um etwaiger Heiratsmöglichkeiten willen übermütige Jagellonen und Dänenkonunger bei ihrer nur allzu guten Laune zu erhalten!

Freilich dieser seiner Heiratspolitik blieb das Glück treu. Im Jahre 1515, nach langen Verhandlungen und viel Abneigung der Magyaren, kam folgende Verabredung zu stande: des Königs Wladislaw von Böhmen und Ungarn Sohn Ludwig verlobte sich mit Maximilians Enkelin Maria, und für seine Schwester Anna ward als Gemahl bestimmt: entweder Maximilians zweiter Enkel Ferdinand oder — der Großvater selber (Abb. 94). Auch hier im Osten hat, wenn es freilich Maximilian nicht mehr erlebte, rasch mähender Tod Habsburgs kühnste Hoffnungen erfüllt: der junge Ludwig II. von Böhmen und Ungarn, der 1516 seinem Vater nachfolgte, fiel 1526 bei Mohacz gegen die Türken und nun kamen seine Kronen nebst Mähren, Schlesien und den Lausitzen an Anna und an Ferdinand, der inzwischen ihr Gemahl geworden war, den späteren Kaiser. —

Maximilian war eine Natur, die zu allem, was die Zeit trieb, eine eigene engste Beziehung haben mußte. Mit den ersten Persönlichkeiten unter den Humanisten und Gelehrten der Zeit in Verkehr zu stehen, war ihm genau so wichtig, wie der nahe Umgang mit kunstfertigen Meistern der Plattnerei oder Harnischschmiederei und der Stück-

Abb. 108. Turnier zur Zeit Maximilians.
Nach einem Holzschnitt von L. Cranach im Königl. Kupferstichkabinett in Berlin.

gießerei. Mit Wilibald Pirckheimer, dem feingebildeten Ratsherrn von Nürnberg (Abb. 98) und Konrad Peutinger, dem Ratsherrn zu Augsburg, unterhielt er vielfältige und lebhafte Beziehung; sie haben ihm auch oft zur Vermittlung gedient, Goldarbeiter und Holzschneider zu bestellen, Gelder zu schaffen um seine weitere Existenzberechtigung führt insbesondere der eisenklirrende Ritter der alten Jahrhunderte. Das Fußvolk der neueren Kriegsführung, das sich zudem der besonderen Pflege durch den Kaiser erfreut, die eigene, nur allzu einseitige Ausbildung (mehr zum Turnier als zum Kriege), die neuen

Abb. 99. Ritterliches Kostümbild zur Zeit Maximilians. (St. Georg. Nach einem Dürerschen Holzschnitt.)

und Gläubiger hinzuhalten. Kam Maximilian in die genannten Reichsstädte, so verbrachte er in den Werkstätten der dortigen Künstler mit wirklichem Interesse und Behagen manche Stunde.

Den Städten und ihren Bürgern gehörte damals die Zukunft. Was einst in mittelalterlichen Zeiten maßgebend gewesen, ist entweder schon verschwunden oder ringt mit dem Untergange. Den trostlosen Kampf studierten Beamten bürgerlicher Abkunft: alles das schiebt unaufhaltsam den Stand der reisigen und lehensfähigen Ritter bei Seite. Noch winkt ihnen nicht aus weitester Ferne ein neuer Beruf im Offiziers- und Beamtenstande; sie erleiden zunächst nur das ganze Elend des mählichen Überflüssigwerdens und Untergehens. Um die letzten hervorragenden Vertreter des alten Rittertums, die Kraftgestalten eines Franz von Sickingen und Götz von Berlichingen hat verständnisvolles und verklärendes Mitempfinden des Volkes die ganze tiefe Tragik dieses unabwendbaren Geschicks eines ganzen großen Bau in oder möglichst nahe an die hauptsächliche Stadt, die nun Residenz wird. Die Burgen auf den ragenden Höhen verfallen und veröden, nur in wenigen hausen noch,

Abb. 110  Berittener und Fußknecht zur Zeit Maximilians.
Nach einem Blatte Albrecht Dürers.

sozialen Standes und seines trotzigen, vergeblichen letzten Sichaufbäumens und Verzweiflungskampfes herumkrystallisiert.

Die Welt geht in die Städte oder steigt zu ihnen herab. Welcher Fürst oder große Herr ein neues Schloß baut, der verlegt den von allem neuen Leben geistig und räumlich getrennt, verschollen und verbittert die alten Besitzer.

Aber der Bürger ist und kann jetzt alles. Sein Handel, sein Gewerbe beherrschen den Verkehr, die Fugger (Abb. 106) und die

Welser werden die Machthaber der Zeit, um deren Kredit die Könige und Kaiser buhlen, der Bürger hält Turnierspiel und üppige Feste, und statt des romantischen Ritterepos und des süßen Minneliedes, die einst in Pallas und Söller der Burgen erklangen, ertönt jetzt nicht minder eifrig eine bürgerweisheit zur miniaturen- und initialengeschmückten, mit Gold und glühenden Farben gezierten, von Blattgewinden mit phantastischen Vögeln darin umrankten Romanhandschrift, worin im spähenden Fenstersitz die Burgfrau liest.

Auch der deutsche Humanismus findet

Abb. 111. Landsknechte. Nach einem Kupferstich von Albrecht Dürer.

liche Poesie, aber in feierlichen Zunftstuben als handwerksmäßiger Meistergesang. Praktischer, nüchterner, phantasieloser mutet die neue Welt allerdings an, als einst des Minnesangs Frühling und die Zeit des höfischen Rittertreibens. Das ist die Wandlung, die immerhin mit der Eroberung durch das Bürgertum erfolgt. Man möchte sagen, die neue Zeit verhält sich zur alten, wie ein Inkunabeldruck mit bürgerlicher Spruch-

seine Hauptsitze in den Städten. Da Renaissance und Humanismus von Italien aus nach Deutschland getragen worden sind, so finden wir beide am frühesten und am lebhaftesten an den herkömmlichen Stätten des Handelsverkehrs mit Italien: in den Reichsstädten Schwabens, besonders Augsburg, ferner in Nürnberg und in geradezu überraschender Entfaltung auf der großen überländischen Verbindungsstraße Italiens

Abb. 112. Trommler und Pfeifer.
Gemälde von Albrecht Dürer im Wallraf-Richartz-Museum zu Köln.

mit den Niederlanden, am Rheine. Eine wahrhafte Fülle der Talente sprießt in diesen rheinischen Landen aus dem Boden. Weithin strahlt der humanistische Ruhm der kurpfälzischen Hochschule zu Heidelberg; zu Basel hat Desiderius Erasmus von Rotterdam seine Wohnung genommen; Straßburg, mus noch lange nicht, auch an seine kleineren Städte knüpft sich vielfach der Ruhm ihrer Söhne, so an Bretten, die Heimat Melanchthons, Pforzheim, die Geburtsstadt Reuchlins, das kleine Ettlingen, ferner Colmar und ganz vor allen Schlettstadt, von wo neben Anderen Wimpfeling

Abb. 113. Zeit- und Kostümbild. Aus Dürers Reiseskizzenbuch in der Albertina zu Wien: Bildnis des kaiserlichen Hauptmanns Felix Hungersperg.
„Das ist hawbtman felix der köstlich lawtenschlaher."

Worms, Köln stehen gleich jenen in der Gelehrtengeschichte der Zeit voran, und an Mainz haftet das Verdienst der neuerfundenen Buchdruckerkunst, welche ja mit der ganzen Entwicklung des neuen Geistes und der neuen Bildung in engster Wechselwirkung steht. Und hiermit erschöpft sich die Bedeutung des Rheinlandes für den Humanis- (1450—1528) und Beatus Rhenanus (1485—1547) ihren Ausgang nahmen.

Eines unterscheidet zwar diesen deutschen Humanismus bedeutsam von demjenigen Italiens und rückt ihn dadurch auch etwas weiter ab von der kaiserlichen Person Maximilians. Der italienische Humanismus ist durchaus aristokratisch und ihn tragen die Höfe: z. B.

der Medici, der Montefeltre, der Päpste; in Deutschland steht ganz vereinzelt ein Ritter, wie Hutten unter den Humanisten, die ganze große Zahl besteht aus den Bürgersöhnen der Städte. Ihr Wirken ist viel weniger ein durch die Gunst und den Sinn freiheitspendender Mäcenaten der Werktagssphäre entrücktes, wie in Italien, wo ein so wundervolles Sichausleben vergönnt ist; sie sind

Immerhin, die Natur und Richtung Maximilians zwang auch alle Künste und Wissenschaft in ein höchst persönliches Verhältnis zu ihm und seiner Regierung. Was ihm das Leben brachte, waren ja nur sehr kümmerliche Bruchstücke von dem, was seine rastlos thätige Phantasie an Glanz und Großthat fortwährend in sich erschuf. Aber wie er eben war: bald sah er die Dinge wieder

Abb. 114. Maximilian. Kohlezeichnung von Albrecht Dürer.
In der Albertina zu Wien.
Beischrift: „Das ist Kaiser Maximilian den hab ich | Albrecht Dürer zu Augsburg hoch oben auff | der pfalz in seinem kleinen stüble kunterfett | do man zalt 1518 am monbag nach | Johannes tauffer."

durchweg oder doch bis auf wenige Pädagogen, und ihr Platz sind die Universitäten und die Schulen in den Städten. Darum aber wurzelt der deutsche Humanismus auch tiefer in der echten Seele des deutschen Volkes. Ist der italienische vor allem ästhetisch gerichtet, so überwiegt im deutschen Humanismus das Ethische zugleich mit dem nationalen Charakter. Und städtisch, bürgerlich ist ja auch der Ausgang der kraftvollen und großen Kunst der deutschen Renaissance.

so, wie er sie geträumt hatte, als ob sie inzwischen so geschehen seien. Dafür nun, die trübselige Wahrheit aus dem Gesamtbilde seines Lebens fernzuhalten und die Auffassung, die sich in ihm komponierte, auch für die Mit- und Nachwelt festzulegen, hat er Dichtung und Kunst unablässig in Anspruch genommen.

Desgleichen die Geschichte. Er hat auch sie mit voller Absicht in den Dienst der habsburgischen Idee und seiner eigenen Ge-

Abb. 115. Aus Dürers „Ehrenpforte": Einzug in eine erstürmte Stadt.

schichtsphantasie gestellt. Was er vor allem anzuregen und zu fördern suchte, waren Chroniken Österreichs und des habsburgischen Hauses. So ist es freilich kein Zufall, wenn wir nicht eigentlich die freiesten Geister und besten Historiker aus der Zahl der Humanisten, sondern statt dessen neben den immerhin tüchtigeren Stabius und Spießheimer die Sunthheim, Manlius, Grünbeck in seiner nächsten Nähe als Historiographen seines Hauses, seines Vaters Kaiser Friedrich III. und seiner eigenen Regierung finden.

Im allgemeinen ist die lebhafte Richtung des deutschen Humanismus auf die alte germanische Volksgeschichte und auf das Mittelalter weit eher auf das Vorbild der Wiedererweckung altrömischer Geschichte durch die italienischen Humanisten, welche zur analogen Nacheiferung lockte, und auf die gut deutsche Art des Bürgertums zurückzuführen, als auf die Anregungen, welche die Krone zu geben vermochte. Dessen ungeachtet besteht am ehesten auf diesem Gebiete ein Zusammenhang zwischen dem Kaiser und dem zeitgenössischen Humanismus, und sein eigener historisch-romantischer Sinn, sowie die Quellennachforschungen und Arbeiten seiner Hofhistoriker konnten auf das nationale Geschichtsinteresse nur verstärkend und aneifernd wirken. Wieder der Oberrhein und zwar der elsässische ist es, der hier in erster Reihe steht. In Schlettstadt entstand eines der frühesten Werke dieser Art, Jakob Wimpfelings Epitome, eine kurzgefaßte deutsche Geschichte, aus demselben lebhaften historischen Patriotismus hervorgegangen, der auch die Arbeiten des anderen

### Nationale Richtung der humanistischen Historiker.

schon genannten berühmten Schlettstädters Dichterlorbeer gekrönt hatte (s. auch Abb. 30): besten besselt, Bildes, der sich von seiner rheinischen Heimat den schönen Namen des Beatus Rhenanus wählte.

Beatus Rhenanus ist vor allem auch Veranstalter von gedruckten Editionen, Herausgeber alter Quellenwerke zur echten Kenntnis der frühen deutschen Geschichte. Diese erste Zugänglichmachung der unmittelbaren Schilderer und Erzähler, mochten es antike Autoren, wie Tacitus und Vellejus, oder die Historiker der Goten, der Langobarden, des Mittelalters sein, bildet eine der beachtenswertesten und verdienstvollsten Leistungen der neuen deutschen Gelehrtenschule. Von solchen Editoren ist mit in erster Linie der Franke Konrad Pickel oder Celtes (1459—1508) zu nennen (Abb. 97), ein rechter typischer unstäter Wanderhumanist, den übrigens schon Kaiser Friedrich 1487 nach humanistischer antikisierender Sitte mit dem desgleichen der schon genannte Historiker Spießheimer oder, wie er sich nach Humanistenbrauch latinisierte, Cuspinian (1473 bis 1529), und vor allem der gleichfalls schon erwähnte Konrad Peutinger zu Augsburg. Er ist es ja auch, dem Celtes testamentarisch die von ihm in Tegernsee aufgefundene wichtige römische Straßenkarte übermacht hat, die davon die Peutingersche Tafel genannt worden ist.

Es konnte nicht ausbleiben, daß einerseits das nationale Interesse für deutsche Geschichte, andererseits die praktisch-historiographische Richtung des Kaisers die Humanisten auch auf die Schilderung der jüngsten Zeitereignisse lenkten. Von solchen Werken mag hier Pirckheimers Darstellung des Schweizerkrieges von 1499, den er selber mitgemacht hatte, hervorgehoben werden. Von Nürnberg ist auch die erste von huma-

Abb. 116. Das Rosenkranzfest. Mit dem Porträt Maximilians. 1506.
Gemälde von Albrecht Dürer für das deutsche Kaufhaus in Venedig. Jetzt im Prämonstratenserstift Strahow zu Prag.

Abb. 117. Aus dem „Triumphwagen" Maximilians von Albrecht Dürer: Der Kaiser.

Difer nachuerzeichenter Eren/oder Triumph wagen/ist dem allerdurchleuchtigsten Großmechtigsten herrn vnd lund Keyser Maximilian/hochlöblicher gedechtnuß vnserm allergnedigsten herrn zu sondern eren erfunden vnnd verordent/vñ zu vndertheinigem gefallen dem großmechtigsten iß Regierenten Keyser Karolo rc. durch Albrecht Thürer daselbst in das werck gepracht.

Erstlich/dieweyl jr Keyserlich May. alle König vnd herren mit glori/magnificenti/ere/vnd wirdigkeit vbertrifft/ so ist der selb wagen vff vier eren reder/darauff jr Keyserlich May. solcher vbertrefflichkeit halben billich empore gefürt werden soll/gestelt. Nemlich auff Gloriam/Magnificentiam/Dignitatem/vnd honorem.

Nachuolgent seind an den vier orten des wagens die vier angelrugent/an stat vier seulen gesetzt. Nemlich Justicia Fortitudo, Prudentia, Temperantia. Auß welchen all ander tugendt jrn anfang vnd vrspung haben/ an die auch kein Kh̊nig oder herr vollkomen sein kan/oder mag. Dann wo die Gerechtigkeit/Manlich sterck des gemüts/die Vernunfft/vnd Bescheydenheit mangelt/ kan kein Reych bestendig sein.

Nach dem Moderatio / vnnd Prouidentia der vernunfft am nachsten sind/ füren die selben zwo tugent die zwey nachsten pferd vo; der vernunfft/damit der wag mit rechtermaß vnd fürsichng; keit seinen gang hat en mag.

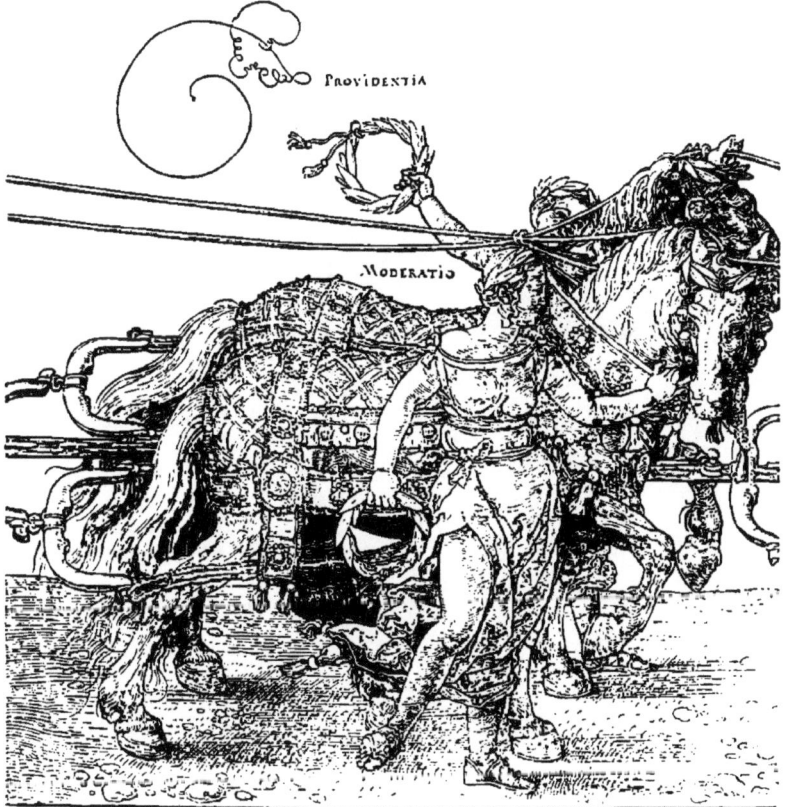

Abb. 118. Aus dem „Triumphwagen" von Albrecht Dürer: Allegorische Tugenden.

Diewcyl auch bife vier tugendt aneinander hangen/vnd von einander nit gesondert werden mögen/also/wo ein
der selben mangels/daß die ander nit volkhomen sein kan. So sind die selbe vie e mit den andern jrn anhangenden
tugendten/so auß jren fliessen zusamen gefügt/vnd ineinander verschlossen. Nemlich/dieweil Justicia gepürt/vñ
haben müß Veritatem/so helt sie in der lincken handt den krantz der Warheyt. In den auch die Messigkeyt mit der
rechten handt greyfft/dan wo die Warheyt nit ist/kan die Gerechtigkeit nit stat haben. Die Messigkeit mag auch/
so sie von der Warheyt weycht/nit mer Messigkeyt genant werden.

Mit der rechten handt greyfft Justicia in den krantz Clementie/das zaygt an/daß die Gerechtigkeyt nit gantz zu
streng/sonder mit Miltigkeyt soll vermischt sein. In disen krantz ist geflochten der mitler krantz Æquitatis/darñ so
wol als die Gerechtigkeyt nit zuscharpff sein/also soll sie auch nit alle mal/vñ in allen sachen zuuil lind/oder barm
hertzig/sonder Æqua vnd gleych sein/von welcher Gleychheit die Gerechtigkeyt nit besteen mag.

Die nachuolgende zwey pferd werde durch Alacritate vnd Oportunitatem gefürt. Darumb als
wol sich grümpt daß zu bequemer zeyt der wagen für sich gee/also gepürt sich auch/daß solchs
frölich vnnd mit auer freyhayt beschehe.

Abb. 119. Aus dem „Triumphwagen" von Albrecht Dürer: Allegorische Tugenden.

Vnd damit diſer wagen recht vnd wol gefürt werd/iſt Ratio zuuorderſt an/für ainen fůrman vnd weglayter ge
ſetzt/darumb daß alle beſtendige ding mit vernunfft geſchehen ſöllen. Die ſelbige Ratio helt auch zway leytſayl/
Eyns Nobilitatis/das ander Potentie/angeſehen daß die Keyſerlich ÷May.alle Khönig vnd herren mit adel vnd
macht obertroffen hat.

Vnd auff daß die pferd ſo an den wagen geſpant ſind/nit als vnuernünfftige thier auß dem wege der Verſtendig
ken lauffen/ſonder deſter ſtatlicher durch Vernunfft regiert werden mögen/ ſo hat ein yetzlich pferde ſeine leytter
vñ halter. damit es nit anders geen/noch lauffen möge/dañ wie ſich nach eygenſchafft der ſelben tugendt gepürt.

Vnd wiewol alle menſchen nach dem willen gottes regiert werden/noch dañ ſagen die weyſen/daß in ſonderheyt
das hertz des Khönigs in der handt gotes ſtet/der das auch nach ſeinem götlichen wolgefallen wendt vnd khert/
darumb ſo ſtecht vor der Keyſerlichen ÷May. diſe geſchrifft. In manu dei cor Regis eſt. Vnd für das wort Cor/iſt
zu merer zierligkayt ain hertz mit ainer Lauren gemalet. Bedeut das edel hertz Keyſerlicher ÷May. ſo mit allen tu
gendten vnd eren gekrönet vnd geziert geweſt iſt.

.

Darnach geen zwey pferde die ſtetigs für ſich begeren/werden durch Magnanimitatem vñ Au=
daciam regiert.

Abb. 120. Aus dem „Triumphwagen" von Albrecht Dürer: Allegoriſche Tugenden.

mischem Geiste beseelte populäre Weltgeschichte ausgegangen, des Hermann oder Hartmann Schedel 1440—1514 liber cronicarum, seine Weltchronik, die bis 1492 reicht und von 1493 an in verschiedenen lateinischen und deutschen Ausgaben gedruckt Maximilian nicht nur die alten Briefe und Archivalien des habsburgischen Erzhauses durchsah, sondern auch die historisch-poetischen Entwürfe zu seiner eigenen Lebensgeschichte beriet. Doch blieb Peutingers Verhältnis zu Maximilian jederzeit ein völlig

Abb. 121. Hans Burgkmair und seine Frau. Selbstbildnis in der k. u. k. Gemäldegalerie zu Wien. Nach einer Photographie von J. Löwy in Wien.

worden ist. Ihrer Verbreitung ist es nicht wenig zu gute gekommen, daß sie sogleich die junge Holzschneidekunst, wenn auch noch in ziemlich primitiver Weise, in ihren Dienst stellt. Abb. 10.

Am nächsten unter diesen Genannten steht dem Kaiser wiederum Peutinger, mit dem freies, mehr freundschaftliches und ist mit dem der habsburgischen Historiographen nicht auf die gleiche Stufe zu stellen. Rühmenswert als Plan ist, daß Maximilian dem Conrad Celtes die Mittel zu weiten Reisen gab, damit dieser aus persönlicher Anschauung und aus den aus Licht gezogenen Bibliotheksschätzen

Abb. 122. Eine Seite aus Maximilians Gebetbuch mit Dürers Randzeichnungen (1515).

eine große Germania illustrata schaffe, welche
Celtes freilich nie vollendet hat. Ihn und
Spießheimer hatte der Kaiser an die Wiener
Universität berufen. Um deren moderne
humanistische Umgestaltung aus einer geist-
lich-scholastischen Korporation hat Maximilian sich erhebliche und auf die Hoch-
schulen anderer Territorien weiterwirkende

billig vervielfältigenden Holzschnittes gemacht, sondern sein Popularitätsbedürfnis.
Ganz systematisch ist der Plan ausgearbeitet
und gutenteils ausgeführt worden, durch
eine Reihe von schönen und großartigen,
aber immerhin leichter zu verbreitenden
Holzschnittwerken die Verherrlichung des
Hauses und der Person Maximilians in

Abb. 123. Maximilian lernt Fechten. Aus den Holzschnitten zum Weißkunig.

Verdienste erworben, während eine ähnliche
Einwirkung des Kaisers auf die gleichfalls
österreichische Hochschule zu Freiburg nicht
greifbar hervortritt.

Ähnlich, jedoch noch charakteristischer in
seiner persönlichen Absicht stellt sich Maximilians Verhältnis zu den Künsten dar.
Nicht so sehr die knappen Geldverhält-
nisse, wie man wohl gemeint hat, haben ihn
anstatt zum mäcenatischen Gönner der Öl-
malerei vielmehr zum Hauptförderer des

weite Kreise des Publikums zu tragen. Den
Reigen dieser Werke eröffnet einleitend die
„Genealogie", welche die habsburgischen und
anderen „Ahnen" des Kaisers, von Hektor,
Priamus' Sohn, bis zu Friedrich III. mit
Einschluß von Maximilian selber umfaßt.
Es sind 77 gestaltungsreiche Blätter, welche
der berühmte Augsburger Hans Burgkmair
(Abb. 121) gezeichnet hat, mit dem der Kaiser
seit 1510 in Verbindung stand. Diesen
Laiengestalten (Abb. 27) treten in den

„österreichischen Heiligen" die Heiligen aus der Sippenschaft des Kaisers zur Seite, abermals im verwegensten Sinne der Verwandtschaft. Sie sind das Werk des Augsburgers Leonhard Beck. Der „Freydal" (Abb. 136) enthält die Schilderung von Turnieren und Festlichkeiten, zu deren Mittelpunkt sich Maximilian machte. Während der „Weißkunig" Gedanken und Neigungen ausschlaggebend mitbestimmten, ist unverkennbar und ganz neuerdings noch besonders beleuchtet worden durch den Nachweis von Prof. F. v. Wieser, daß der Mittelpunkt im Entwurf der Ehrenpforte nichts anderes ist, als eine künstlerische Erweiterung des alten Wappenturms in Maximilians Lieblingsstadt Innsbruck. Seit

Abb. 124. Die Familie des älteren Weißkunigs.

und „Teuerdank" (s. u.) der mehr biographischen Erzählung vorbehalten wurden, sollten die „Ehrenpforte" und der „Triumphzug" die politischen Ereignisse aus dem Leben des Kaisers und dessen Regentenerscheinung darstellen. Den Plan der Ehrenpforte hat Albrecht Dürer in Gemeinschaft mit dem kaiserlichen Hofhistoriographen Johann Stabius entworfen. Wie sehr aber auch hier die Individualität des Kaisers, seine besonderen 1512 hat Dürer mit einigen Gehülfen an der großen Ehrenpforte gearbeitet, deren einzelne Blätter zusammengesetzt als fertiges Werk nach des Kaisers monströsem Plan die Gestalt eines mächtigen Triumphbogens haben sollten. 92 Einzelblätter sind fertig geworden und wurden nach dem Tode Maximilians, der den Künstler niemals bezahlt hat, einzeln verkauft (Abb. 33, 69, 72, 115). Der Kaiser hatte ihn, ebenso wie den Maler

Bernhard Strigel zu Memmingen, den eigentlichen Porträtisten des Kaiserhauses, mit Privilegien anstatt mit Barsummen entschädigt.

Für den „Triumphzug" hat Maximilian selbst die Einzelheiten festgestellt und danach zunächst von verschiedenen Meistern Vorlagen fertigen lassen, welche 1516 sämtlich fertig waren. Darunter befindet sich das Hauptstück des Zuges, der kaiserliche Wagen, als ein Entwurf von Dürers Hand (s. die Titelvignette auf S. 1). (Dürer hat übrigens, nach Ideen Pirckheimers, noch einen anderen, den sog. „großen" Triumphwagen als selbständiges Werk in 8 Folioblättern als Holzschnitt ausgeführt, Abb. 117—120). Von Dürer stammen auch die übrigen Festwagen und etliche sonstige Entwürfe. Die Hauptmasse der Blätter des Triumphzuges ist jedoch in Augsburg gearbeitet worden, wo Hans Burgkmair allein 67 Blätter zeichnete, Leonhard Beck 7 solcher. Auf diese Weise ist ein gewaltiges und schönes Werk von 137 großen Blättern zur Ausführung gelangt. Alles, was je den Kaiser interessiert hat — und was hätte in diesem Kreise gefehlt? — sammelt sich im Zuge um ihn: nicht bloß aller Ritter- und Turniersport der alten Zeit, nicht bloß die Aufgebote und Fahnen der Reichskontingente (Abb. 138) und Nebenländer, nicht nur Landsknechte und neues Fußvolk jeglicher Art, sondern auch Jagd und Mummenschanz, Tanz und Patrizierfrauen, Wissenschaften und alle Techniken und die Allegorien all und jeglicher kaiserlicher und menschlicher Tugenden und Weisheiten dazu, gruppiert auf die gewaltigen Festzugswagen, in deren mechanischer Fortbewegung der erfindungsreiche Nürnberger Meister stets neue experimentelle Wunder vollbringt.

Abb. 125. Botensendung. Aus dem Weißkunig.

Abb. 126. **Maximilian beim Briefschreiben**. Aus dem Weißkunig.
Holzschnitt von Hans Burgkmair.

Albrecht Dürer ist auch sonst, um das hier einzuschieben, für den Kaiser mehrfach thätig gewesen. Dieser hatte sich ein Gebetbuch in nur 10 Exemplaren in Augsburg drucken lassen, sein Handexemplar hat hauptsächlich Dürer mit reizvollen Randzeichnungen geschmückt (Abb. 122), sechs weitere solche stammen von Lukas Kranach; drei andere erhaltene Exemplare weisen u. a. Federzeichnungen Hans Burgkmairs, Altdorfers, Hans Baldung-Griens auf. Das wichtigste für uns bleibt aber Dürers 1518 nach dem Leben gemachte Porträtzeichnung, welche dem Meister als Vorlage für seine weiteren Bildnisdarstellungen des Kaisers in Öl und Holzschnitt gedient hat (Abb. 114 und 137, sowie das Titelbild).

Den Plattnern, die für den Kaiser Harnische und Helme schmiedeten, ließ er für einzelne wertvoller auszuarbeitende Rüstungen durch Dürer und Hans Burgkmair Zeichnungen und Entwürfe liefern (Abb. 86). Die wichtigsten unter den Meistern dieses kunstvollen Handwerks zu Maximilians Zeit sind Lorenz Kolmann zu Augsburg († 1516), der 1490 oder 1491 Hofplattner wurde, und dessen Sohn Koloman Kolmann, der sich besonders in Helmen auszeichnete. Von den Nürnbergern ist Hans Grünwalt der hauptsächlichste, in Innsbruck Adrian Treitz, zu dessen Familie auch Treitz-Saurwein gehörte. Auch alle diese Meister mußten, wie Dürer und andere, inne werden, daß es nicht immer ein Glück war, von Maximilian Aufträge zu erhalten, sie kamen dabei zum Teil in beträchtliche Schulden.

Die Stückgießerei war besonders in Tirol daheim und wurde dort von Maximilian eifrig gepflegt. Das in allem kunstfertige Augsburg ist übrigens auch an dieser besonderen Innsbrucker Feldzeug-Industrie nicht ohne Anteil, in Gestalt von allerhand Wechselbeziehungen der Gießer

8*

und Künstler, geblieben. Ein eigenes, handschriftliches „Zeugbuch" des Kaisers bewahrt die k. und k. Hofbibliothek zu Wien (Abb. 84).

Man hat Kaiser Maximilian den letzten Ritter genannt. Er war es insofern, als er zu den letzten gehört, die mit Sinn und Phantasie sich noch ganz in die Ritterromane und Epen des Mittelalters, in dessen Minneromantik und den Frauendienst durch Abenteuer haben vertiefen dürfen. Ihn berührten dabei noch nicht die schneidende Luft, die alle Winkel auskehrenden Stürme des XVI. Jahrhunderts, welche Welt und Menschen zwangen, modern zu sein und vorläufig ausschließlich der Gegenwart zu gehören. Und wie er alles trieb und können wollte, so wollte er neben anderem allerdings auch vollkommener Ritter sein und keinem Manne von des Artus Tafelrunde, noch dem König Artus selbst an kühner Männlichkeit, an Turnierpreis und Abenteuren nachstehen.

Im übrigen hat ihm nichts so fern gelegen, als die überlebte Ritterzeit konservieren oder gar künstlich wieder herstellen zu wollen. Die sich auf allen Gebieten umgestaltende Zeit gehörte, wie schon gesagt wurde, dem Ritterwesen längst nicht mehr. Sie gehörte den neuen Kräften und im Kriege der neuen Truppe der Fußknechte, sowie den Feuerwaffen. Das Rittertum seinerseits hatte überdies jeglichen Versuch versäumt, mit dem Neuen Fühlung zu behalten,

Abb. 127. Beratung mit Hauptleuten. Holzschnitt Hans Burgkmairs zum Weißkunig.

Abb. 128. Hinrichtung von Rädelsführern.
Aus dem Weißkunig.

es war, je mehr man erfand und anders machte, nur desto mehr erstarrt und hatte sich einem anspruchsvollen Schmollen überlassen. Immer unbehülflicher, immer schwerfälliger ward der einzelne Reisige; der Panzer von Mann und Roß und die Waffenrüstung zusammengenommen wurden eine schier erstickende Last. Übrigens geschah dies beständige Verstärken nicht etwa, weil man sich davon einen Schutz gegen die Feuerwaffe versprochen hätte, sondern lediglich aus dem Grunde, weil überhaupt alles in höchst einseitiger Weise immer nur für das Turnier vorbedacht und weiter entwickelt wurde. Für die wenigen und schematischen Ansprüche des Turnierkampfes (Abb. 108) waren die Ritter aufs fleißigste ausgebildet, dafür gerüstet und zur schweren, im Stoß möglichst gewichtigen Eisenmasse geworden. Im Felde aber wurden diese eng gereihten Panzermassen unbarmherzig von den unbeschützten Fußkämpfern zusammengedroschen, die — wie die älteren Eidgenossen — zum Siege über sie gar keiner Feuerwaffen bedurften.

Seit den großen Ruhmestagen jener Eidgenossen, seit den Hussitenkriegen und seit bald hier, bald da Söldnerhaufen zu Fuß in den Kriegen des XV. Jahrhunderts wichtig geworden, war es klar, wohin der Erfolg sich neigte, und Maximilian war Militär genug, daraus die volle Konsequenz zu ziehen. Auch Italien gab ihm Muster, wo das Condottierenwesen die Fußtruppen vielleicht überhaupt am besten bis auf diese Zeit durchgebildet hatte.

Schon bei Guinegate 1479 führte Maximilian wesentlich durch sein Fußvolk die Schlacht zum Siege. Seitdem hat er nie gerastet, eine seiner wichtigsten Aufgaben in der Ausbildung des Fußvolkes zu einer geordneten und durch geregelte Zucht beherrschten Truppe zu sehen und hat kaum etwas anderes im Leben so ernsthaft und fleißig betrieben. Der „Vater" der Landsknechte ist Maximilian in der That gewesen und die Organisation, die er ihnen gab, wurde ein Meisterstück. Übrigens: Die Deutung „Landsknechte" ist die einzig richtige, wenngleich in der mehr phonetischen Orthographie des XVI. Jahrhunderts gelegentlich ein Schreiber „Lantzknecht" schrieb. Lanzen wie die Turnierritter hatten die Landsknechte eben nicht, sondern Spieß, Schwert, Hellebarde oder Hakenbüchse. (Abb. 110—113.) Maximilian vermied bei der Einrichtung des Landsknechtswesens jeden Versuch von autokratischem Zwang. Es waren wilde, unbändige, oft heimatlose Gesellen und überdies querköpfige, viel räsonnierende Deutsche: da übertrug er ihnen selbst die Handhabung und Ausbildung der Zucht und hätte ihrem Unwesen mit keinem besseren Erfolg Ziel und Schranke setzen können. Auch sonst, als Gesamteinrichtung und militärisch-sozialer Körperschaft, gewährte und schirmte er dem Landsknechttum diesen wertvollen Stolz ihrer Autonomie. Mit dem Reiche stand es flau und für die Einzelstaaten organisierte er nicht: so begründete denn er die „Freiheit" der dentschen Knechte, welche trotz der nationalen Züge in ihrer Erscheinung und trotz eines starken deutschen Ehrgefühls doch weder zum Reiche noch zu den Einzelstaaten in einem festen Verhältnis standen. In diesem ihrem Wesen als unter Selbstverwaltung lebende, ihre Kriegsherren nach Belieben suchende Söldner haben sie die Schlachten des Zeitalters der Reformation geschlagen und sind erst

Abb. 129. Maximilian beim Fischfang.
Aus dem Weißkunig.

nach mehr als einem Jahrhundert durch die Aufgabe abgelöst worden, die sich nunmehr das neue starke Landesfürstentum auf militärischem Gebiet setzte und notwendig setzen mußte. Diese Aufgabe war, eigene territoriale Armeen und stehende Truppen zu schaffen, aus denen dermaleinst in weiteren Umbildungen und Re-

Der Weißkunig (die sprachlich gewaltsame Bildung soll an „wissen" und „weise" denken lassen) ist ein Prosaroman und, soweit er überhaupt vollendet ist, von dem Innsbrucker Markus Treitz-Saurwein überarbeitet und nach des Kaisers Angaben verfaßt. Der alte Weißkunig ist Friedrich III., dessen Leben erzählt wird, der

Abb. 130. Maximilian ergründet die Kochkunst. Aus dem Weißkunig.
Holzschnitt von Hans Burgkmair.

formen das alle Glieder und Stände in gleicher vaterländischer Pflicht vereinigende nationale Heer, das Volk in Waffen hervorgehen sollte. —

Für den Weißkunig und den Teuerdank, die bekanntesten seiner eigenen oder halbeigenen Werke hat Kaiser Maximilian wiederum selber allerlei Entwürfe und buntes Material beigesteuert, wodurch freilich die mit der Redaktion betrauten Sekretäre ersichtlich oft ihre liebe Not gehabt haben.

junge, auf dessen Erziehung, Brautfahrt und Thaten die Erzählung dann als Hauptsache übergeht, Maximilian selber. Aus der Aufzählung und Schilderung dessen, was der junge Weißkunig alles kann und versteht, ersieht man in drastischer Weise, mit welcher Wichtigkeit sich Maximilian — und das paßt allerdings zu seiner ganzen Natur — in einem encyklopädischen Dilettantismus gefällt. Der Kaiser auf jedem einzelnen Gebiete kundig, auf den meisten überlegen —

Abb. 131. Melchior Pfinzing. Medaille im Königl. Münzkabinett zu Berlin.

das ist das für uns deprimierende Ideal, welches dieser hohe Herr in sich von Menschenwert und Herrschergröße erarbeitet hat und worin er stecken geblieben ist! So fängt denn der junge Weißkunig, wenn er angelt, mehr Fische als andere, guckt in die Töpfe und unterweist den Koch, kuriert Rosse, wo kein Tierarzt mehr aus und ein weiß, kennt sich in Bergwerken und Metallen aus, schmiedet und schlossert wie keiner zc. zc., und wie alles andere, lernt und versteht er natürlich auch aufs allervor-

Abb. 132. Maximilian leitet einen Mummenschanz. Aus dem Weißkunig.
Holzschnitt von Hans Burgkmair.

trefflichste das Regieren, wovon als Hauptsach die „Secretarikunst", die zielbewußte Aktenmacherei sich dem erschrockenen Leser präsentiert.

1514 ist eine Reinschrift vom Weißkunig gemacht worden. Die meisten der Holzschnitte dafür zeichneten inzwischen Hans Werk ist 1515 begonnen und ein Nürnberger Geschlechtersohn, Melchior Pfinzing (Abb. 131), um die Verse zu machen, angestellt worden. Wer den Teuerdank nur von Hörensagen kennt, hat gewöhnlich eine gewisse romantische, ja poetische Vorstellung davon. Es ist aber auch ein Secretairwerk

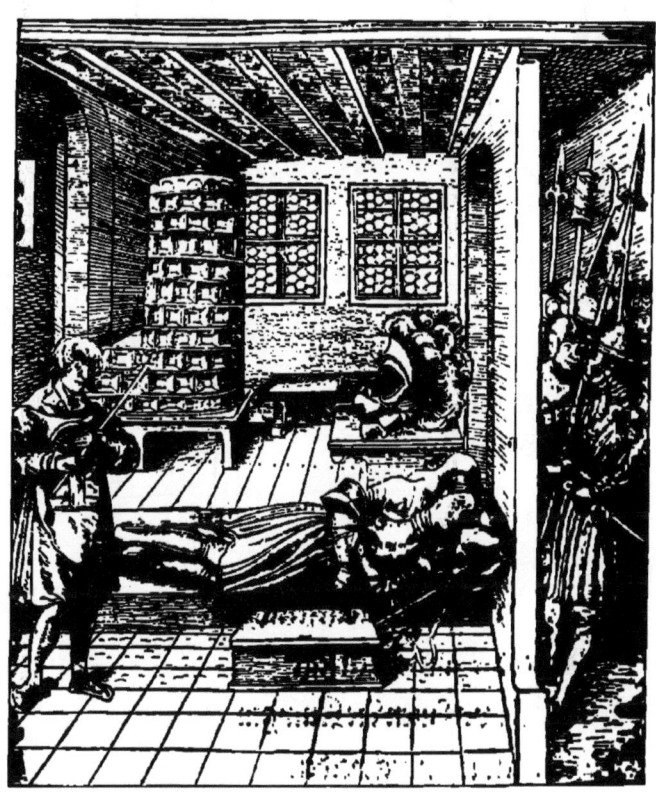

Abb. 133. Mordanschlag auf Teuerdank-Maximilian.
Holzschnitt der Ausgabe von 1517.

Burgkmair (über 100) und Leonhard Beck (etwa 125) und sorgten für die Übertragung aufs Holz. Dann aber blieb das Ganze liegen, bis man es erst 1775 gedruckt und mit den vorhandenen alten Holzstöcken illustriert hat.

Dagegen hat Maximilian den Teuerdank, die Schilderung seiner Brautfahrt, abgeschlossen und veröffentlicht gesehen. Das der hölzernsten und langweiligsten Art. Zugeben muß man, daß ein redlicher und tüchtiger Charakter aus dem Verfasser spricht, und zuweilen blickt auch wohl ein Stückchen von Maximilians eigener reicher Phantasie hinter den gleichförmigen Wendungen seines Helfers hervor, man möchte sagen, wie Königsbrokat hinter Sackleinwand.

Die Erzählung fängt an, wie's Märchen:

Ein unermeßlich reicher König hat eine einzige Tochter, ein Wunder von Jugend und Schönheit, und dem ausgezeichnetsten der zahllosen Freier, die das Leben daran seines Namens willen („der auf Abenteuer denkt"), unterwegs sich noch mit recht viel tapferen Thaten aufzuhalten, um ihrer würdiger zu werden. Diese seine Absicht unter-

Abb. 131. Teuerdank (Maximilian) bei einem Jagdabenteuer.
Holzschnitt von Hans Schäuffelin.

wagen, soll sie gehören. Der König stirbt aber vor der Entscheidung, und Prinzessin Ehrenreich ersieht aus dem Testament, daß nur der Ritter Teuerdank ihrer würdig ist. Sie sendet zu ihm, und er macht sich flugs auf, nur hat er das Bedürfnis, schon um stützen die neidischen Großen an Ehrenreichs Hofe aufs redlichste und werben drei Hauptleute gegen ihn an: den Fürwittig, Unfalo und Neidelhart. Teuerdank besteht aber all deren Hinterlist und Machenschaften mit Glanz und beneidenswerter Ausdauer, gelangt mit dem getreuen Knappen Ernhold zu der Ersehnten, überwindet dort noch sechs Ritter im Turnier und fügt auf Ehrenreichs Wunsch und auf die Mahnung eines himmlischen Boten noch einen Krieg gegen den ins Land gebrochenen Feind des christlichen (ein gutes Dutzend) und Anderer zuerst 1517 in prächtigem Privatdruck auf Pergament, dann 1519 und 1537 auch im Buchhandel. Alle diese großen Holzschnittreihen, welche die von Maximilians Person und Einfluß getragene Höhenentwicklung des deutschen

Abb. 135. Teuerdank (Maximilian) gefährdet durch ein Pulverschiff.
Holzschnitt von Hans Schäuffelin.

Glaubens hinzu (das ist der Türkenkrieg, Maximilians zeitlebens gehegter, in alles hineingemengter und doch nie zu konkreten Vorbereitungen geförderter Traum), woraus sie dann die seine wird. (Abb. 133—135.)

Der Teuerdank erschien mit schönen Holzschnitten Hans Schäuffelins (etwa 20), Leonhard Becks (76), Hans Burgkmairs Illustrationsdrucks im XVI. Jahrhundert darstellen, sind neuerdings aus den kaiserlichen Schätzen zu Wien in den Bänden des Wiener „Jahrbuchs der kunsthistorischen Sammlungen des ah. Kaiserhauses" systematisch neu herausgegeben worden. —

Aus der inneren Geschichte des Reiches unter Maximilian ist hier noch zu bemerken, daß auf den Reichstagen zu Trier und Köln 1512 die Reichsreform wieder in Fluß gekommen war. Eben (S. 82) war schon von Reichskreisen die Rede, jedoch lediglich als von Wahlbezirken für das inzwischen verschollene Reichsregiment. Wenn man welche damals zum dringlichsten Schlagwort der öffentlichen Meinung geworden war. König Albrechts Absicht war, Landfrieden und Rechtspflege auf Kreise aufzubauen, welche Verfassungskörper des Reiches, gebildet auf ständischer Grundlage, sein sollten.

Abb. 136. Abbildung einer Seite aus dem Werke Freydal: „Mummereien."
Original im k. u. k. kunsthistorischen Hofmuseum zu Wien.

sie nun 1512 von neuem herstellte, so ging man jetzt wieder auf diejenigen Gedanken zurück, die mit dem Begriff „Reichskreise" verbunden gewesen waren, als er zum erstenmale auftauchte. Dies war unter Albrecht II. gewesen, dem allzufrüh verstorbenen deutschen Herrscher, der nach der elenden Regierung Kaiser Sigismunds mit Ernst und klugen Plänen an die „Reichsreform" ging. Eben hierzu kehrte man jetzt zurück. Waren 1500 bei den damals eingerichteten sechs Reichskreisen, ihrer nur auf das Regiment bezüglichen Absicht nach, die kaiserlichen und die kurfürstlichen Lande außer Spiel gelassen, so blieben jetzt nur das entfremdete Reichsland Böhmen und seine Nebenlande Mähren und Schlesien uneingekreist. Man richtete demgemäß statt sechs nunmehr zehn

Kaiser Maximilian I. Von Hans Burgkmair, in Helldunkelschnitt ausgeführt von Jost de Negker.
Einfarbige Wiedergabe des Exemplars im königl. Kupferstich-Kabinett in Berlin.

Kreise ein, die also wirklich das Reich, mit alleiniger Ausnahme jener vorläufig noch von einer fremden Dynastie beherrschten Länder, enthielten und als Verfassungs- und ständische Selbstverwaltungskörper gliederten: einen österreichischen, burgundischen (auch hier war ja zumeist altes Reichsland darin), kurrheinischen, obersächsischen, fränkischen, bayerischen, schwäbischen, oberrheinischen, niederrheinischen, westfälischen und niedersächsischen Kreis. Mit 1521 noch hinzugefügten Änderungen hat diese Organisation bis 1803 bestanden, und je mehr das Reich in Agonie versank, haben wenigstens diejenigen Kreise, in denen keine einzelne Landesherrlichkeit bestimmt überwog, in erster Reihe der schwäbische, noch späterhin ein gewisses politisches Leben solidarisch verbundener Reichsstände dargestellt.

Im Jahre 1518 war Maximilian auf dem Augsburger Reichstag gewesen, der recht kühl gegen des Kaisers noch einmal wieder sehr lebhaften Plan des Türkenkreuzzugs beschied. Auch seinen Enkel Karl, den Erben von Burgund, Kastilien und Aragonien, wollte man nicht zum römischen König ihm zu Liebe wählen. Noch einmal führte der Kaiser, wie er immer so gerne gethan, die Augsburger Patrizierfrauen im Tanze, aber er

Abb. 137. Holzschnittbildnis Maximilians von Albrecht Dürer aus dem Jahre 1519.

brachte die rechte Freude nicht mehr auf, und als er am 28. August davon und übers Lechfeld ritt, winkte er wehmütig hinüber und sagte: „Segne dich Gott, liebes Augsburg, und alle frommen Bürger darin! Wir haben wohl manchen guten Mut in dir gehabt, wir werden dich nun nicht mehr wiedersehen!"

Der Kaiser war schon fort, als Luther auf dem Reichstage eintraf. Die Versuche, die man wohl gemacht hat, sind müßig:

Abb. 138. Gruppe aus dem Triumphzug.

als ob sich zarte innere Fäden zwischen beiden angewoben hätten, die nur die Parze des Todes zu früh durchschnitten. Gerade zur Zeit des Augsburger Reichstages war Maximilian mehr wie je auf den römischen Stuhl angewiesen. Man hielt seinen Hoffnungen, Karl von Spanien zum König wählen zu lassen, als Haupteinwand entgegen: nur neben dem gekrönten Kaiser könne man einen römischen König haben, Maximilian aber heiße wohl Kaiser, sei es jedoch nicht in herkömmlicher Weise durch den Papst geworden. So war er auf Verhandlungen mit Rom und die Erlangung irgend einer ergänzenden Legitimation durch das Entgegenkommen Leo's X. angewiesen, wozu es freilich nicht mehr kam. Auch die Idee eines Türkenkreuzzuges der universalen Christenheit band ihn an den Papst und ließ ihn einen umsichgreifenden kirchlichen Lehrstreit nur als Störung empfinden. — Kaiser Maximilian und Luther haben überhaupt nichts miteinander zu thun und sind so verschiedene Leute wie nur möglich. Mit Recht hält es Ulmann, dem wir ein wertvolles zweibändiges Werk über diesen Kaiser verdanken, für so gut wie gewiß, daß Maximilian zu der ganzen Angelegenheit des Wittenbergers keinerlei innerliches Verhältnis gewonnen hatte.

Die Augsburger Versammlung war ein Reichstag unendlicher Gravamina und Beschwerden, für die man doch keine Abhülfe wußte. Greller denn je, zeigte sich hier, daß die oberste Gewalt im Reiche ihr Amt nicht mehr erfüllte, aber auch: daß man ihr die Möglichkeiten dazu entwunden hatte. Eben diejenigen Bestandteile, die darüber jetzt am meisten klagten, hatten zum Teil am eifrigsten dazu gethan, daß es so geworden war. Wie wir schon oben gesagt haben: die kaiserliche Monarchie war überhaupt dahin; aus ihren kläglichen Überresten hätte sie auch ein stärkerer und entschlossenerer Herrscher, als Maximilian war, nicht wieder herstellen können. Darum darf man diesen auch nicht völlig verurteilen, daß er es versäumt hat, auf Grund der Sachlage, wie sie war, an der Spitze der reichsständischen Aristokratie eine bewußte und kraftvolle nationale Politik zu führen.

Am 12. Januar 1519 ist der Kaiser, noch nicht 60jährig, unterwegs zu Wels verschieden. In Wienerisch-Neustadt, wo er auch geboren war, liegt er in der Kirche Sankt Georgs, der als ein rechter Heiliger im Leben vor ihm gestanden, prunklos begraben.

Wir dürfen ihn darum nicht geringer als andere schätzen, weil er nichts verbarg und nicht posierte. Gerade, daß er so unmittelbar und tapfer war, das hat ihn unserem Volke wert gemacht. Die deutsche Nation empfand viel von ihrer eigenen Art in ihm; Maximilian verkörpert mit einem guten Teil seines Wesens manches von den allgemeinen Vorzügen und Schwächen unserer Geschichte. Ihn als einen Patrioten, als einen Erneuerer des Reiches anzusehen, wie man vor Zeiten gethan hat, ist nicht zulässig; was errichtet wurde als fürs Reich und was überhaupt sich mit dem XVI. Jahrhundert auf politischem und kirchlich-religiösem Gebiet an Neuem und Deutschem regt, ist fast alles ohne ihn geschehen und aufgekommen. Vieles, ja sehr vieles hat Kaiser Maximilian I. in seinen bunten Planen und durch ungewöhnliche Glücksfälle für Österreich erlangt. Dadurch, daß er die österreichisch-burgundisch-spanische Verbindung

Abb. 139. Titelblatt aus Maximilians Ambraser Heldenbuch.
Original im k. und k. kunsthistorischen Hofmuseum zu Wien.

128                        Schluß.

Abb. 140. Kaisergrab. Aus dem Weißkunig.

unter habsburgischem Scepter herstellen konnte, hat er den Jahrhunderten der mit ihm beginnenden „neueren Geschichte" ihren Inhalt vorgezeichnet. Freilich konnten dieser kommende Inhalt und diese Interessen der habsburgischen Zukunft nur noch europäische, keine deutschen mehr sein. Insofern und im Gegensatze zu den Nachfolgern aus seinem Hause ist es richtig und daneben allerdings auch im eigenen tieferen Charakter Maximilians begründet, wenn von der Erinnerung der Nachlebenden seine Persönlichkeit als die eines letzten Kaisers von alter deutscher Art empfunden und aufgefaßt worden ist.

Berichtigung: (S. 96) Abb. 107. Fackeltanz. Formschnitt für Maximilians Freydal.